TRANZLATY

El idioma es para todos

Språk er for alle

El llamado de lo salvaje

Nar villdyret vakner

Jack London

Español / Norsk

Copyright © 2025 Tranzlaty
All rights reserved
Published by Tranzlaty
ISBN: 978-1-80572-870-2
Original text by Jack London
The Call of the Wild
First published in 1903
www.tranzlaty.com

Hacia lo primitivo
Inn i det primitive

Buck no leía los periódicos.
Buck leste ikke avisene.
Si hubiera leído los periódicos habría sabido que se avecinaban problemas.
Hadde han lest avisene, ville han visst at det var trøbbel i vente.
Hubo problemas, no sólo para él sino para todos los perros de la marea.
Det var trøbbel ikke bare for ham selv, men for alle tidevannshunder.
Todo perro con músculos fuertes y pelo largo y cálido iba a estar en problemas.
Enhver hund med sterke muskler og varm, lang pels kom til å få trøbbel.
Desde Puget Bay hasta San Diego ningún perro podía escapar de lo que se avecinaba.
Fra Puget Bay til San Diego kunne ingen hund unnslippe det som ventet.
Los hombres, a tientas en la oscuridad del Ártico, encontraron un metal amarillo.
Menn, som famlet i det arktiske mørket, hadde funnet et gult metall.
Las compañías navieras y de transporte iban en busca del descubrimiento.
Dampskip- og transportselskaper jaget oppdagelsen.
Miles de hombres se precipitaron hacia el norte.
Tusenvis av menn stormet inn i Nordlandet.
Estos hombres querían perros, y los perros que querían eran perros pesados.
Disse mennene ville ha hunder, og hundene de ville ha var tunge hunder.
Perros con músculos fuertes para trabajar.
Hunder med sterke muskler å slite med.
Perros con abrigos peludos para protegerlos de las heladas.

Hunder med lodden pels for å beskytte dem mot frosten.

Buck vivía en una casa grande en el soleado valle de Santa Clara.
Buck bodde i et stort hus i den solkysste Santa Clara Valley.
El lugar del juez Miller, se llamaba su casa.
Dommer Millers sted, ble huset hans kalt.
Su casa estaba apartada de la carretera, medio oculta entre los árboles.
Huset hans lå litt tilbaketrukket fra veien, halvt skjult blant trærne.
Se podían ver destellos de la amplia terraza que rodeaba la casa.
Man kunne få glimt av den brede verandaen som strakte seg rundt huset.
Se accedía a la casa mediante caminos de grava.
Huset ble nådd via gruslagte innkjørsler.
Los caminos serpenteaban a través de amplios prados.
Stiene slynget seg gjennom vidstrakte plener.
Allá arriba se veían las ramas entrelazadas de altos álamos.
Over dem var de flettede grenene til høye popler.
En la parte trasera de la casa las cosas eran aún más espaciosas.
På baksiden av huset var det enda mer romslig.
Había grandes establos, donde una docena de mozos de cuadra charlaban.
Det var flotte staller, hvor et dusin brudgommer pratet
Había hileras de casas de servicio cubiertas de enredaderas.
Det var rekker med vinrankede tjenestehytter
Y había una interminable y ordenada serie de letrinas.
Og det var en endeløs og ordnet rekke med uthus
Largos parrales, verdes pastos, huertos y campos de bayas.
Lange druelysthus, grønne beitemarker, frukthager og bæråkrer.
Luego estaba la planta de bombeo del pozo artesiano.
Så var det pumpeanlegget for den artesiske brønnen.
Y allí estaba el gran tanque de cemento lleno de agua.

Og der var den store sementtanken fylt med vann.
Aquí los muchachos del juez Miller dieron su chapuzón matutino.
Her tok dommer Millers gutter sitt morgendukkert.
Y allí también se refrescaron en la calurosa tarde.
Og de kjølte seg ned der på den varme ettermiddagen også.
Y sobre este gran dominio, Buck era quien lo gobernaba todo.
Og over dette store domenet var det Buck som hersket over det hele.
Buck nació en esta tierra y vivió aquí todos sus cuatro años.
Buck ble født på dette landet og bodde her alle sine fire år.
Efectivamente había otros perros, pero realmente no importaban.
Det fantes riktignok andre hunder, men de spilte egentlig ingen rolle.
En un lugar tan vasto como éste se esperaban otros perros.
Andre hunder var ventet på et sted så stort som dette.
Estos perros iban y venían, o vivían dentro de las concurridas perreras.
Disse hundene kom og gikk, eller bodde inne i de travle kennelene.
Algunos perros vivían escondidos en la casa, como Toots e Ysabel.
Noen hunder bodde gjemt i huset, slik som Toots og Ysabel gjorde.
Toots era un pug japonés, Ysabel una perra mexicana sin pelo.
Toots var en japansk mops, Ysabel en meksikansk hårløs hund.
Estas extrañas criaturas rara vez salían de la casa.
Disse merkelige skapningene gikk sjelden utenfor huset.
No tocaron el suelo ni olieron el aire libre del exterior.
De berørte ikke bakken, og de luktet heller ikke på den åpne luften utenfor.
También estaban los fox terriers, al menos veinte en número.
Det var også foxterrierene, minst tjue i antall.

Estos terriers le ladraron ferozmente a Toots y a Ysabel dentro de la casa.
Disse terrierene bjeffet heftig mot Toots og Ysabel innendørs.
Toots e Ysabel se quedaron detrás de las ventanas, a salvo de todo daño.
Toots og Ysabel holdt seg bak vinduene, trygge for skader.
Estaban custodiados por criadas con escobas y trapeadores.
De ble voktet av hushjelper med koster og mopper.
Pero Buck no era un perro de casa ni tampoco de perrera.
Men Buck var ingen hushund, og han var heller ingen kennelhund.
Toda la propiedad pertenecía a Buck como su legítimo reino.
Hele eiendommen tilhørte Buck som hans rettmessige rike.
Buck nadaba en el tanque o salía a cazar con los hijos del juez.
Buck svømte i tanken eller dro på jakt med dommerens sønner.
Caminaba con Mollie y Alice temprano o tarde.
Han gikk med Mollie og Alice i de tidlige eller sene timer.
En las noches frías yacía junto al fuego de la biblioteca con el juez.
På kalde netter lå han foran peisen i biblioteket sammen med dommeren.
Buck llevaba a los nietos del juez en su fuerte espalda.
Buck kjørte dommerens barnebarn på sin sterke rygg.
Se revolcó en el césped con los niños, vigilándolos de cerca.
Han rullet seg i gresset sammen med guttene og voktet nøye over dem.
Se aventuraron hasta la fuente e incluso pasaron por los campos de bayas.
De våget seg til fontenen og til og med forbi bæråkrene.
Entre los fox terriers, Buck caminaba siempre con orgullo real.
Blant foxterrierene vandret Buck alltid med kongelig stolthet.
Él ignoró a Toots y Ysabel, tratándolos como si fueran aire.
Han ignorerte Toots og Ysabel og behandlet dem som om de var luft.

Buck reinaba sobre todas las criaturas vivientes en la tierra del juez Miller.
Buck hersket over alle levende skapninger på dommer Millers land.
Él gobernaba a los animales, a los insectos, a los pájaros e incluso a los humanos.
Han hersket over dyr, insekter, fugler og til og med mennesker.
El padre de Buck, Elmo, había sido un San Bernardo enorme y leal.
Bucks far Elmo hadde vært en stor og lojal sanktbernhardshund.
Elmo nunca se apartó del lado del juez y le sirvió fielmente.
Elmo vek aldri fra dommerens side og tjente ham trofast.
Buck parecía dispuesto a seguir el noble ejemplo de su padre.
Buck virket klar til å følge farens edle eksempel.
Buck no era tan grande: pesaba ciento cuarenta libras.
Buck var ikke fullt så stor, og veide hundre og førti pund.
Su madre, Shep, había sido una excelente perra pastor escocesa.
Moren hans, Shep, hadde vært en fin skotsk gjeterhund.
Pero incluso con ese peso, Buck caminaba con presencia majestuosa.
Men selv med den vekten gikk Buck med kongelig tilstedeværelse.
Esto fue gracias a la buena comida y al respeto que siempre recibió.
Dette kom fra god mat og den respekten han alltid fikk.
Durante cuatro años, Buck había vivido como un noble mimado.
I fire år hadde Buck levd som en bortskjemt adelsmann.
Estaba orgulloso de sí mismo y hasta era un poco egoísta.
Han var stolt av seg selv, og til og med litt egoistisk.
Ese tipo de orgullo era común entre los señores de países remotos.

Den slags stolthet var vanlig blant avsidesliggende landsherrer.
Pero Buck se salvó de convertirse en un perro doméstico mimado.
Men Buck reddet seg fra å bli en bortskjemt hushund.
Se mantuvo delgado y fuerte gracias a la caza y el ejercicio.
Han holdt seg slank og sterk gjennom jakt og mosjon.
Amaba profundamente el agua, como la gente que se baña en lagos fríos.
Han elsket vann dypt, som folk som bader i kalde innsjøer.
Este amor por el agua mantuvo a Buck fuerte y muy saludable.
Denne kjærligheten til vann holdt Buck sterk og veldig sunn.
Éste era el perro en que se había convertido Buck en el otoño de 1897.
Dette var hunden Buck hadde blitt høsten 1897.
Cuando la huelga de Klondike arrastró a los hombres hacia el gélido Norte.
Da Klondike-angrepet trakk menn til det frosne nord.
La gente acudió en masa desde todos los rincones del mundo hacia aquella tierra fría.
Folk strømmet fra hele verden inn i det kalde landet.
Buck, sin embargo, no leía los periódicos ni entendía las noticias.
Buck leste imidlertid ikke avisene, og forsto heller ikke nyheter.
Él no sabía que Manuel era un mal hombre con quien estar.
Han visste ikke at Manuel var en dårlig mann å være sammen med.
Manuel, que ayudaba en el jardín, tenía un problema profundo.
Manuel, som hjalp til i hagen, hadde et alvorlig problem.
Manuel era adicto al juego de la lotería china.
Manuel var avhengig av pengespill i det kinesiske lotteriet.
También creía firmemente en un sistema fijo para ganar.
Han trodde også sterkt på et fast system for å vinne.
Esa creencia hizo que su fracaso fuera seguro e inevitable.

Den troen gjorde hans fiasko sikker og uunngåelig.
Jugar con un sistema exige dinero, del que Manuel carecía.
Å spille et system krever penger, noe Manuel manglet.
Su salario apenas alcanzaba para mantener a su esposa y a sus numerosos hijos.
Lønnen hans forsørget knapt kona og de mange barna hans.
La noche en que Manuel traicionó a Buck, las cosas estaban normales.
Den natten Manuel forrådte Buck, var ting normalt.
El juez estaba en una reunión de la Asociación de Productores de Pasas.
Dommeren var på et møte i rosindyrkerforeningen.
Los hijos del juez estaban entonces ocupados formando un club atlético.
Dommerens sønner var travelt opptatt med å danne en idrettsklubb den gang.
Nadie vio a Manuel y Buck salir por el huerto.
Ingen så Manuel og Buck gå gjennom frukthagen.
Buck pensó que esta caminata era simplemente un simple paseo nocturno.
Buck trodde denne turen bare var en enkel nattlig spasertur.
Se encontraron con un solo hombre en la estación de la bandera, en College Park.
De møtte bare én mann på flaggstasjonen i College Park.
Ese hombre habló con Manuel y intercambiaron dinero.
Mannen snakket med Manuel, og de vekslet penger.
"Envuelva la mercancía antes de entregarla", sugirió.
«Pakk inn varene før du leverer dem», foreslo han.
La voz del hombre era áspera e impaciente mientras hablaba.
Mannens stemme var ru og utålmodig mens han snakket.
Manuel ató cuidadosamente una cuerda gruesa alrededor del cuello de Buck.
Manuel bandt forsiktig et tykt tau rundt Bucks hals.
"Si retuerces la cuerda, lo estrangularás bastante"
«Vri tauet, så kveler du ham kraftig»
El extraño emitió un gruñido, demostrando que entendía bien.

Den fremmede gryntet, noe som viste at han forsto godt.
Buck aceptó la cuerda con calma y tranquila dignidad ese día.
Buck tok imot tauet med rolig og stille verdighet den dagen.
Fue un acto inusual, pero Buck confiaba en los hombres que conocía.
Det var en uvanlig handling, men Buck stolte på mennene han kjente.
Él creía que su sabiduría iba mucho más allá de su propio pensamiento.
Han mente at visdommen deres gikk langt utover hans egen tenkning.
Pero entonces la cuerda fue entregada a manos del extraño.
Men så ble tauet gitt til den fremmedes hender.
Buck emitió un gruñido bajo que advertía con una amenaza silenciosa.
Buck knurret lavt som advarte med en stille trussel.
Era orgulloso y autoritario y quería mostrar su descontento.
Han var stolt og kommanderende, og hadde til hensikt å vise sin misnøye.
Buck creyó que su advertencia sería entendida como una orden.
Buck trodde advarselen hans ville bli oppfattet som en ordre.
Para su sorpresa, la cuerda se tensó rápidamente alrededor de su grueso cuello.
Til hans sjokk strammet tauet seg hardt rundt den tykke halsen hans.
Se quedó sin aire y comenzó a luchar con una furia repentina.
Luften hans ble kuttet ut, og han begynte å slåss i et plutselig raseri.
Saltó hacia el hombre, quien rápidamente se encontró con Buck en el aire.
Han sprang mot mannen, som raskt møtte Buck i luften.
El hombre agarró la garganta de Buck y lo retorció hábilmente en el aire.
Mannen grep tak i Bucks hals og vred ham dyktig opp i luften.

Buck fue arrojado al suelo con fuerza, cayendo de espaldas.
Buck ble kastet hardt ned og landet flatt på ryggen.
La cuerda ahora lo estrangulaba cruelmente mientras él pateaba salvajemente.
Tauet kvalte ham nå grusomt mens han sparket vilt.
Se le cayó la lengua, su pecho se agitó, pero no recuperó el aliento.
Tungen hans falt ut, brystet hevet seg, men han fikk ikke puste.
Nunca había sido tratado con tanta violencia en su vida.
Han hadde aldri blitt behandlet med slik vold i sitt liv.
Tampoco nunca antes se había sentido tan lleno de furia.
Han hadde heller aldri vært fylt med et så dypt raseri før.
Pero el poder de Buck se desvaneció y sus ojos se volvieron vidriosos.
Men Bucks kraft sviktet, og øynene hans ble glassaktige.
Se desmayó justo cuando un tren se detuvo cerca.
Han besvimte akkurat idet et tog stoppet i nærheten.
Luego los dos hombres lo arrojaron rápidamente al vagón de equipaje.
Så kastet de to mennene ham raskt inn i bagasjevognen.
Lo siguiente que sintió Buck fue dolor en su lengua hinchada.
Det neste Buck kjente var en smerte i den hovne tungen.
Se desplazaba en un carro tambaleante, apenas consciente.
Han beveget seg i en skjelvende vogn, bare svakt bevisst.
El agudo grito del silbato del tren le indicó a Buck su ubicación.
Det skarpe skriket fra en togfløyte fortalte Buck hvor han var.
Había viajado muchas veces con el Juez y conocía esa sensación.
Han hadde ofte ridd med dommeren og kjente følelsen.
Fue una experiencia única viajar nuevamente en un vagón de equipajes.
Det var det unike sjokket å reise i bagasjevogn igjen.
Buck abrió los ojos y su mirada ardía de rabia.
Buck åpnet øynene, og blikket hans brant av raseri.

Esta fue la ira de un rey orgulloso destronado.
Dette var vreden til en stolt konge som ble tatt fra tronen.
Un hombre intentó agarrarlo, pero Buck lo atacó primero.
En mann rakte ut for å gripe ham, men Buck slo til først i stedet.
Hundió los dientes en la mano del hombre y la sujetó con fuerza.
Han bet tennene i mannens hånd og holdt den hardt.
No lo soltó hasta que se desmayó por segunda vez.
Han slapp ikke taket før han besvimte for andre gang.
—Sí, tiene ataques —murmuró el hombre al maletero.
«Ja, får anfall», mumlet mannen til bagasjemannen.
El maletero había oído la lucha y se acercó.
Bagasjemannen hadde hørt kampen og kom nærmere.
"Lo llevaré a Frisco para el jefe", explicó el hombre.
«Jeg tar ham med til 'Frisco for sjefen», forklarte mannen.
"Allí hay un buen veterinario que dice poder curarlos".
«Det er en dyktig hundedoktor der som sier han kan kurere dem.»
Más tarde esa noche, el hombre dio su propio relato completo.
Senere den kvelden ga mannen sin egen fullstendige beretning.
Habló desde un cobertizo detrás de un salón en los muelles.
Han snakket fra et skur bak en saloon på kaia.
"Lo único que me dieron fueron cincuenta dólares", se quejó al tabernero.
«Alt jeg fikk var femti dollar», klaget han til saloonmannen.
"No lo volvería a hacer ni por mil dólares en efectivo".
«Jeg ville ikke gjort det igjen, ikke engang for tusen i kontanter.»
Su mano derecha estaba fuertemente envuelta en un paño ensangrentado.
Høyrehånden hans var tett pakket inn i et blodig klede.
La pernera de su pantalón estaba abierta de par en par desde la rodilla hasta el pie.
Buksebeinet hans var vidt revet opp fra kne til tå.

—¿Cuánto le pagaron al otro tipo? —preguntó el tabernero.
«Hvor mye fikk den andre kruset betalt?» spurte saloonmannen.
"Cien", respondió el hombre, "no aceptaría ni un centavo menos".
«Hundre,» svarte mannen, «han ville ikke tatt en krone mindre.»
—Eso suma ciento cincuenta —dijo el tabernero.
«Det blir hundre og femti», sa saloonmannen.
"Y él lo vale todo, o no soy más que un idiota".
«Og han er verdt alt, ellers er jeg ikke bedre enn en dust.»
El hombre abrió los envoltorios para examinar su mano.
Mannen åpnet innpakningen for å undersøke hånden sin.
La mano estaba gravemente desgarrada y cubierta de sangre seca.
Hånden var stygt revet og dekket av tørket blod.
"Si no consigo la hidrofobia..." empezó a decir.
«Hvis jeg ikke får hydrofobien ...» begynte han å si.
"Será porque naciste para la horca", dijo entre risas.
«Det er fordi du er født til å henge», kom det en latter.
"Ven a ayudarme antes de irte", le pidieron.
«Kom og hjelp meg før du drar», ble han spurt.
Buck estaba aturdido por el dolor en la lengua y la garganta.
Buck var i en døs av smertene i tungen og halsen.
Estaba medio estrangulado y apenas podía mantenerse en pie.
Han var halvkvalt, og kunne knapt stå oppreist.
Aún así, Buck intentó enfrentar a los hombres que lo habían lastimado.
Likevel prøvde Buck å møte mennene som hadde såret ham så mye.
Pero lo derribaron y lo estrangularon una vez más.
Men de kastet ham ned og kvalte ham igjen.
Sólo entonces pudieron quitarle el pesado collar de bronce.
Først da kunne de sage av den tunge messingkragen hans.
Le quitaron la cuerda y lo metieron en una caja.
De fjernet tauet og dyttet ham inn i en kasse.

La caja era pequeña y tenía la forma de una tosca jaula de hierro.
Kassen var liten og formet som et grovt jernbur.
Buck permaneció allí toda la noche, lleno de ira y orgullo herido.
Buck lå der hele natten, fylt av vrede og såret stolthet.
No podía ni siquiera empezar a comprender lo que le estaba pasando.
Han klarte ikke å begynne å forstå hva som skjedde med ham.
¿Por qué estos hombres extraños lo mantenían en esa pequeña caja?
Hvorfor holdt disse merkelige mennene ham i denne lille kassen?
¿Qué querían de él y por qué este cruel cautiverio?
Hva ville de med ham, og hvorfor dette grusomme fangenskapet?
Sintió una presión oscura; una sensación de desastre que se acercaba.
Han følte et mørkt press; en følelse av at katastrofen kom nærmere.
Era un miedo vago, pero que se apoderó pesadamente de su espíritu.
Det var en vag frykt, men den tynget ham dypt.
Saltó varias veces cuando la puerta del cobertizo vibró.
Flere ganger hoppet han opp da skurdøren raslet.
Esperaba que el juez o los muchachos aparecieran y lo rescataran.
Han forventet at dommeren eller guttene skulle dukke opp og redde ham.
Pero cada vez sólo se asomaba el rostro gordo del tabernero.
Men bare saloonholderens fete ansikt tittet inn hver gang.
El rostro del hombre estaba iluminado por el tenue resplandor de una vela de sebo.
Mannens ansikt var opplyst av det svake lyset fra et talglys.
Cada vez, el alegre ladrido de Buck cambiaba a un gruñido bajo y enojado.

Hver gang forandret Bucks gledesfylte bjeff seg til en lav, sint knurr.

El tabernero lo dejó solo durante la noche en el cajón.
Saloon-eieren lot ham være alene i buret for natten
Pero cuando se despertó por la mañana, venían más hombres.
Men da han våknet om morgenen, kom det flere menn.
Llegaron cuatro hombres y recogieron la caja con cuidado y sin decir palabra.
Fire menn kom og plukket forsiktig opp kassen uten et ord.
Buck supo de inmediato en qué situación se encontraba.
Buck forsto med en gang hvilken situasjon han befant seg i.
Eran otros torturadores contra los que tenía que luchar y a los que tenía que temer.
De var ytterligere plageånder som han måtte kjempe mot og frykte.
Estos hombres parecían malvados, andrajosos y muy mal arreglados.
Disse mennene så onde, fillete og svært dårlig stelt ut.
Buck gruñó y se abalanzó sobre ellos ferozmente a través de los barrotes.
Buck glefset og kastet seg voldsomt mot dem gjennom sprinklene.
Ellos simplemente se rieron y lo golpearon con largos palos de madera.
De bare lo og stakk til ham med lange trepinner.
Buck mordió los palos y luego se dio cuenta de que eso era lo que les gustaba.
Buck bet i pinnene, men innså at det var det de likte.
Así que se quedó acostado en silencio, hosco y ardiendo de rabia silenciosa.
Så la han seg stille ned, mutt og brennende av stille raseri.
Subieron la caja a un carro y se fueron con él.
De løftet kassen opp i en vogn og kjørte av gårde med ham.
La caja, con Buck encerrado dentro, cambiaba de manos a menudo.

Kassen, med Buck låst inni, skiftet hender ofte.
Los empleados de la oficina exprés se hicieron cargo de él y lo atendieron brevemente.
Ekspresskontormedarbeidere tok ansvar og håndterte ham kort.
Luego, otro carro transportó a Buck a través de la ruidosa ciudad.
Så bar en annen vogn Buck gjennom den støyende byen.
Un camión lo llevó con cajas y paquetes a un ferry.
En lastebil tok ham med esker og pakker om bord på en ferge.
Después de cruzar, el camión lo descargó en una estación ferroviaria.
Etter å ha krysset, losset lastebilen ham av på en jernbanestasjon.
Finalmente, colocaron a Buck dentro de un vagón expreso que lo esperaba.
Til slutt ble Buck plassert i en ventende ekspressvogn.
Durante dos días y dos noches, los trenes arrastraron el vagón expreso.
I to dager og netter trakk tog ekspressvognen bort.
Buck no comió ni bebió durante todo el doloroso viaje.
Buck verken spiste eller drakk under hele den smertefulle reisen.
Cuando los mensajeros expresos intentaron acercarse a él, gruñó.
Da ekspressbudene prøvde å nærme seg ham, knurret han.
Ellos respondieron burlándose de él y molestándolo cruelmente.
De svarte med å håne ham og erte ham grusomt.
Buck se arrojó contra los barrotes, echando espuma y temblando.
Buck kastet seg mot barene, skummet og skalv
Se rieron a carcajadas y se burlaron de él como matones del patio de la escuela.
De lo høyt og hånet ham som skolegårdsbønnerne.
Ladraban como perros de caza y agitaban los brazos.
De bjeffet som falske hunder og flakset med armene.

Incluso cantaron como gallos sólo para molestarlo más.
De gol til og med som haner bare for å gjøre ham enda mer opprørt.
Fue un comportamiento tonto y Buck sabía que era ridículo.
Det var tåpelig oppførsel, og Buck visste at det var latterlig.
Pero eso sólo profundizó su sentimiento de indignación y vergüenza.
Men det forsterket bare følelsen av forargelse og skam hans.
Durante el viaje no le molestó mucho el hambre.
Han var ikke særlig plaget av sult under turen.
Pero la sed traía consigo un dolor agudo y un sufrimiento insoportable.
Men tørsten medførte skarp smerte og uutholdelig lidelse.
Su garganta y lengua secas e inflamadas ardían de calor.
Den tørre, betente halsen og tungen hans brant av varme.
Este dolor alimentó la fiebre que crecía dentro de su orgulloso cuerpo.
Denne smerten næret feberen som steg i den stolte kroppen hans.
Buck estuvo agradecido por una sola cosa durante esta prueba.
Buck var takknemlig for én ting under denne rettssaken.
Le habían quitado la cuerda que le rodeaba el grueso cuello.
Tauet var blitt fjernet fra den tykke halsen hans.
La cuerda había dado a esos hombres una ventaja injusta y cruel.
Tauet hadde gitt disse mennene en urettferdig og grusom fordel.
Ahora la cuerda había desaparecido y Buck juró que nunca volvería.
Nå var tauet borte, og Buck sverget på at det aldri ville komme tilbake.
Decidió que nunca más volvería a pasarle una cuerda al cuello.
Han bestemte seg for at ingen tau noen gang skulle gå rundt halsen hans igjen.
Durante dos largos días y noches sufrió sin comer.

I to lange dager og netter led han uten mat.
Y en esas horas se fue acumulando en su interior una rabia enorme.
Og i disse timene bygde han opp et enormt raseri inni seg.
Sus ojos se volvieron inyectados en sangre y salvajes por la ira constante.
Øynene hans ble blodsprengte og ville av konstant sinne.
Ya no era Buck, sino un demonio con mandíbulas chasqueantes.
Han var ikke lenger Buck, men en demon med knakende kjever.
Ni siquiera el juez habría reconocido a esta loca criatura.
Selv dommeren ville ikke ha kjent denne gale skapningen.
Los mensajeros exprés suspiraron aliviados cuando llegaron a Seattle.
Ekspressbudene sukket lettet da de nådde Seattle
Cuatro hombres levantaron la caja y la llevaron a un patio trasero.
Fire menn løftet kassen og bar den til en bakgård.
El patio era pequeño, rodeado de muros altos y sólidos.
Gårdsplassen var liten, omgitt av høye og solide murer.
Un hombre corpulento salió con una camisa roja holgada.
En stor mann steg ut i en hengende rød genserskjorte.
Firmó el libro de entrega con letra gruesa y atrevida.
Han signerte leveringsboken med tykk og dristig håndskrift.
Buck sintió de inmediato que este hombre era su próximo torturador.
Buck ante med en gang at denne mannen var hans neste plageånd.
Se abalanzó violentamente contra los barrotes, con los ojos rojos de furia.
Han kastet seg voldsomt mot stengene, med røde øyne av raseri.
El hombre simplemente sonrió oscuramente y fue a buscar un hacha.
Mannen smilte bare dystert og gikk for å hente en øks.

También traía un garrote en su gruesa y fuerte mano derecha.
Han hadde også med seg en kølle i sin tykke og sterke høyre hånd.
"¿Vas a sacarlo ahora?" preguntó preocupado el conductor.
«Skal du kjøre ham ut nå?» spurte sjåføren bekymret.
—Claro —dijo el hombre, metiendo el hacha en la caja a modo de palanca.
«Jada,» sa mannen og presset øksen inn i kassen som en spak.
Los cuatro hombres se dispersaron instantáneamente y saltaron al muro del patio.
De fire mennene spredte seg øyeblikkelig og hoppet opp på gårdsmuren.
Desde sus lugares seguros arriba, esperaban para observar el espectáculo.
Fra sine trygge plasser ovenfra ventet de på å se på skuet.
Buck se abalanzó sobre la madera astillada, mordiéndola y sacudiéndola ferozmente.
Buck kastet seg mot det splintrede treverket, bet og skalv voldsomt.
Cada vez que el hacha golpeaba la jaula, Buck estaba allí para atacarla.
Hver gang øksen traff buret), var Buck der for å angripe den.
Gruñó y chasqueó los dientes con furia salvaje, ansioso por ser liberado.
Han knurret og glefset av vilt raseri, ivrig etter å bli satt fri.
El hombre que estaba afuera estaba tranquilo y firme, concentrado en su tarea.
Mannen utenfor var rolig og stødig, opptatt av oppgaven sin.
"Muy bien, demonio de ojos rojos", dijo cuando el agujero fue grande.
«Akkurat da, din rødøyde djevel», sa han da hullet var stort.
Dejó caer el hacha y tomó el garrote con su mano derecha.
Han slapp stridsøksen og tok køllen i høyre hånd.
Buck realmente parecía un demonio; con los ojos inyectados en sangre y llameantes.

Buck så virkelig ut som en djevel; øynene var blodsprengte og flammende.
Su pelaje se erizó, le salía espuma por la boca y sus ojos brillaban.
Pelsen hans strittet, skum skummet rundt munnen, og øynene glitret.
Tensó los músculos y se lanzó directamente hacia el suéter rojo.
Han spente musklene og hoppet rett på den røde genseren.
Ciento cuarenta libras de furia volaron hacia el hombre tranquilo.
Hundre og førti kilo raseri fløy mot den rolige mannen.
Justo antes de que sus mandíbulas se cerraran, un golpe terrible lo golpeó.
Rett før kjevene hans klemte seg igjen, traff et forferdelig slag ham.
Sus dientes chasquearon al chocar contra nada más que el aire.
Tennene hans knakk sammen på ingenting annet enn luft
Una sacudida de dolor resonó a través de su cuerpo
et smertestøt gjallet gjennom kroppen hans
Dio una vuelta en el aire y se estrelló sobre su espalda y su costado.
Han snudde seg midt i luften og falt ned på ryggen og siden.
Nunca antes había sentido el golpe de un garrote y no podía agarrarlo.
Han hadde aldri før følt et slag fra en kølle og kunne ikke gripe det.
Con un gruñido estridente, mitad ladrido, mitad grito, saltó de nuevo.
Med et skrikende knurr, delvis bjeffing, delvis skrik, hoppet han igjen.
Otro golpe brutal lo alcanzó y lo arrojó al suelo.
Nok et brutalt slag traff ham og kastet ham i bakken.
Esta vez Buck lo entendió: era el pesado garrote del hombre.
Denne gangen forsto Buck – det var mannens tunge kølle.
Pero la rabia lo cegó y no pensó en retirarse.

Men raseriet blindet ham, og han tenkte ikke på å trekke seg tilbake.
Doce veces se lanzó y doce veces cayó.
Tolv ganger kastet han seg, og tolv ganger falt han.
El palo de madera lo golpeaba cada vez con una fuerza despiadada y aplastante.
Trekøllen knuste ham hver gang med hensynsløs, knusende kraft.
Después de un golpe feroz, se tambaleó hasta ponerse de pie, aturdido y lento.
Etter et voldsomt slag vaklet han opp på beina, forvirret og langsom.
Le salía sangre de la boca, de la nariz y hasta de las orejas.
Blod rant fra munnen, nesen og til og med ørene hans.
Su pelaje, otrora hermoso, estaba manchado de espuma sanguinolenta.
Den en gang så vakre kåpen hans var tilsmusset av blodig skum.
Entonces el hombre se adelantó y le dio un golpe tremendo en la nariz.
Så steg mannen frem og slo ham hardt mot nesen.
La agonía fue más aguda que cualquier cosa que Buck hubiera sentido jamás.
Smerten var skarpere enn noe Buck noen gang hadde følt.
Con un rugido más de bestia que de perro, saltó nuevamente para atacar.
Med et brøl, mer et dyr enn en hund, sprang han igjen for å angripe.
Pero el hombre se agarró la mandíbula inferior y la torció hacia atrás.
Men mannen grep tak i underkjeven hans og vred den bakover.
Buck se dio una vuelta de cabeza y volvió a caer con fuerza.
Buck snudde seg pladask og braste hardt ned igjen.
Una última vez, Buck cargó contra él, ahora apenas capaz de mantenerse en pie.

En siste gang stormet Buck mot ham, nå knapt i stand til å stå på egne ben.
El hombre atacó con una sincronización experta, dando el golpe final.
Mannen slo til med ekspert timing og ga det siste slaget.
Buck se desplomó en un montón, inconsciente e inmóvil.
Buck kollapset i en haug, bevisstløs og ubevegelig.
"No es ningún inútil a la hora de domar perros, eso es lo que digo", gritó un hombre.
«Han er ikke svak til å knekke hund, det er det jeg sier», ropte en mann.
"Druther puede quebrar la voluntad de un perro cualquier día de la semana".
«Druther kan knekke en hunds vilje hvilken som helst dag i uken.»
"¡Y dos veces el domingo!" añadió el conductor.
«Og to ganger på en søndag!» la sjåføren til.
Se subió al carro y tiró de las riendas para partir.
Han klatret opp i vognen og brøt i tømmene for å dra.
Buck recuperó lentamente el control de su conciencia.
Buck gjenvant sakte kontroll over bevisstheten sin
Pero su cuerpo todavía estaba demasiado débil y roto para moverse.
men kroppen hans var fortsatt for svak og brukket til å bevege seg.
Se quedó donde había caído, observando al hombre del suéter rojo.
Han lå der han hadde falt og så på mannen i den rødgenseren.
"Responde al nombre de Buck", dijo el hombre, leyendo en voz alta.
«Han svarer på navnet Buck», sa mannen mens han leste høyt.
Citó la nota enviada con la caja de Buck y los detalles.
Han siterte fra brevet som ble sendt med Bucks kasse og detaljer.
—Bueno, Buck, muchacho —continuó el hombre con tono amistoso—.

«Vel, Buck, gutten min», fortsatte mannen med en vennlig tone,
"Hemos tenido nuestra pequeña pelea y ahora todo ha terminado entre nosotros".
«Vi har hatt vår lille krangel, og nå er det over mellom oss.»
"Tú has aprendido cuál es tu lugar y yo he aprendido cuál es el mío", añadió.
«Du har lært din plass, og jeg har lært min», la han til.
"Sé bueno y todo irá bien y la vida será placentera".
«Vær snill, så går alt bra, og livet blir behagelig.»
"Pero si te portas mal, te daré una paliza, ¿entiendes?"
«Men vær slem, så banker jeg deg i hjel, forstått?»
Mientras hablaba, extendió la mano y acarició la cabeza dolorida de Buck.
Mens han snakket, rakte han ut hånden og klappet Buck på det såre hodet.
El cabello de Buck se erizó ante el toque del hombre, pero no se resistió.
Bucks hår reiste seg ved mannens berøring, men han gjorde ikke motstand.
El hombre le trajo agua, que Buck bebió a grandes tragos.
Mannen kom med vann til ham, som Buck drakk i store slurker.
Luego vino la carne cruda, que Buck devoró trozo a trozo.
Så kom rått kjøtt, som Buck slukte bit for bit.
Sabía que estaba derrotado, pero también sabía que no estaba roto.
Han visste at han var slått, men han visste også at han ikke var brukket.
No tenía ninguna posibilidad contra un hombre armado con un garrote.
Han hadde ingen sjanse mot en mann bevæpnet med en kølle.
Había aprendido la verdad y nunca olvidó esa lección.
Han hadde lært sannheten, og han glemte aldri den lærdommen.
Esa arma fue el comienzo de la ley en el nuevo mundo de Buck.

Det våpenet var begynnelsen på loven i Bucks nye verden.
Fue el comienzo de un orden duro y primitivo que no podía negar.
Det var starten på en hard, primitiv orden han ikke kunne fornekte.
Aceptó la verdad; sus instintos salvajes ahora estaban despiertos.
Han aksepterte sannheten; hans ville instinkter var nå våkne.
El mundo se había vuelto más duro, pero Buck lo afrontó con valentía.
Verden hadde blitt hardere, men Buck møtte det tappert.
Afrontó la vida con nueva cautela, astucia y fuerza silenciosa.
Han møtte livet med ny forsiktighet, list og stille styrke.
Llegaron más perros, atados con cuerdas o cajas como había estado Buck.
Flere hunder ankom, bundet i tau eller bur slik som Buck hadde vært.
Algunos perros llegaron con calma, otros se enfurecieron y pelearon como bestias salvajes.
Noen hunder kom rolig, andre raste og sloss som ville dyr.
Todos ellos quedaron bajo el dominio del hombre del suéter rojo.
Alle ble brakt under den rødgenserkledde mannens styre.
Cada vez, Buck observaba y veía cómo se desarrollaba la misma lección.
Hver gang så Buck på og så den samme lærdommen utfolde seg.
El hombre con el garrote era la ley, un amo al que había que obedecer.
Mannen med køllen var loven; en mester som skulle adlydes.
No necesitaba ser querido, pero sí obedecido.
Han trengte ikke å bli likt, men han måtte bli adlydt.
Buck nunca adulaba ni meneaba la cola como lo hacían los perros más débiles.
Buck aldri krypet eller logret slik som de svakere hundene gjorde.

Vio perros que estaban golpeados y todavía lamían la mano del hombre.
Han så hunder som var slått og som fortsatt slikket mannens hånd.
Vio un perro que no obedecía ni se sometía en absoluto.
Han så én hund som verken ville adlyde eller bøye seg i det hele tatt.
Ese perro luchó hasta que murió en la batalla por el control.
Den hunden kjempet til den ble drept i kampen om kontroll.
A veces, desconocidos venían a ver al hombre del suéter rojo.
Fremmede kom noen ganger for å se mannen i rødgenseren.
Hablaban en tonos extraños, suplicando, negociando y riendo.
De snakket i en merkelig tone, tryglet, prutet og lo.
Cuando se intercambiaba dinero, se iban con uno o más perros.
Da penger ble vekslet, dro de av gårde med én eller flere hunder.
Buck se preguntó a dónde habían ido esos perros, pues ninguno regresaba jamás.
Buck lurte på hvor disse hundene ble av, for ingen kom noen gang tilbake.
El miedo a lo desconocido llenaba a Buck cada vez que un hombre extraño se acercaba.
frykten for det ukjente fylte Buck hver gang en fremmed mann kom
Se alegraba cada vez que se llevaban a otro perro en lugar de a él mismo.
Han var glad hver gang en annen hund ble tatt, i stedet for ham selv.
Pero finalmente, llegó el turno de Buck con la llegada de un hombre extraño.
Men endelig kom Bucks tur med ankomsten av en fremmed mann.
Era pequeño, fibroso y hablaba un inglés deficiente y decía palabrotas.

Han var liten, senete og snakket gebrokken engelsk og bannet.

—¡Sacredam! —gritó cuando vio el cuerpo de Buck.

«Sacredam!» ropte han da han la øynene på Bucks kropp.

—¡Qué perro tan bravucón! ¿Eh? ¿Cuánto? —preguntó en voz alta.

«Det er en forbanna bøllehund! Eh? Hvor mye?» spurte han høyt.

"Trescientos, y es un regalo a ese precio".

«Tre hundre, og han er en gave til den prisen»

—Como es dinero del gobierno, no deberías quejarte, Perrault.

«Siden det er penger fra staten, burde du ikke klage, Perrault.»

Perrault sonrió ante el trato que acababa de hacer con aquel hombre.

Perrault smilte bredt av å høre avtalen han nettopp hadde inngått med mannen.

El precio de los perros se disparó debido a la repentina demanda.

Prisen på hunder hadde steget kraftig på grunn av den plutselige etterspørselen.

Trescientos dólares no era injusto para una bestia tan bella.

Tre hundre dollar var ikke urettferdig for et så fint dyr.

El gobierno canadiense no perdería nada con el acuerdo

Den kanadiske regjeringen ville ikke tape noe på avtalen

Además sus despachos oficiales tampoco sufrirían demoras en el tránsito.

Heller ikke ville deres offisielle forsendelser bli forsinket underveis.

Perrault conocía bien a los perros y podía ver que Buck era algo raro.

Perrault kjente hunder godt, og kunne se at Buck var noe sjeldent.

"Uno entre diez diez mil", pensó mientras estudiaba la complexión de Buck.

«Én av ti titusen,» tenkte han, mens han studerte Bucks kroppsbygning.

Buck vio que el dinero cambiaba de manos, pero no mostró sorpresa.
Buck så pengene skifte hender, men viste ingen overraskelse.
Pronto él y Curly, un gentil Terranova, fueron llevados lejos.
Snart ble han og Krøllete, en snill newfoundlander, ført bort.
Siguieron al hombrecito desde el patio del suéter rojo.
De fulgte den lille mannen fra den røde genserens hage.
Esa fue la última vez que Buck vio al hombre con el garrote de madera.
Det var det siste Buck noensinne så til mannen med trekjøllen.
Desde la cubierta del Narwhal vio cómo Seattle se desvanecía en la distancia.
Fra Narhvalens dekk så han Seattle forsvinne i det fjerne.
También fue la última vez que vio las cálidas tierras del Sur.
Det var også siste gang han noensinne så det varme Sørlandet.
Perrault los llevó bajo cubierta y los dejó con François.
Perrault tok dem med under dekk og etterlot dem hos François.
François era un gigante de cara negra y manos ásperas y callosas.
François var en svartansiktet kjempe med grove, hardhudede hender.
Era oscuro y moreno, un mestizo francocanadiense.
Han var mørk og lubne; en halvblods fransk-kanadisk mann.
Para Buck, estos hombres eran de un tipo que nunca había visto antes.
For Buck var disse mennene av et slag han aldri hadde sett før.
En los días venideros conocería a muchos hombres así.
Han ville bli kjent med mange slike menn i dagene som kom.
No llegó a encariñarse con ellos, pero llegó a respetarlos.
Han ble ikke glad i dem, men han lærte å respektere dem.
Eran justos y sabios, y no se dejaban engañar fácilmente por ningún perro.
De var rettferdige og kloke, og lot seg ikke lure av noen hund.
Juzgaban a los perros con calma y castigaban sólo cuando lo merecían.
De dømte hunder rolig, og straffet bare når de var fortjent.

En la cubierta inferior del Narwhal, Buck y Curly se encontraron con dos perros.
På Narhvalens nedre dekk møtte Buck og Krøllete to hunder.
Uno de ellos era un gran perro blanco procedente de la lejana y gélida región de Spitzbergen.
Den ene var en stor hvit hund fra det fjerne, iskalde Spitsbergen.
Una vez navegó con un ballenero y se unió a un grupo de investigación.
Han hadde en gang seilt med en hvalfangstmann og blitt med i en kartleggingsgruppe.
Era amigable de una manera astuta, deshonesta y tramposa.
Han var vennlig på en slu, underhånds og utspekulert måte.
En su primera comida, robó un trozo de carne de la sartén de Buck.
Ved deres første måltid stjal han et stykke kjøtt fra Bucks panne.
Buck saltó para castigarlo, pero el látigo de François golpeó primero.
Buck hoppet for å straffe ham, men François' pisk traff først.
El ladrón blanco gritó y Buck recuperó el hueso robado.
Den hvite tyven hylte, og Buck tok tilbake det stjålne beinet.
Esa imparcialidad impresionó a Buck y François se ganó su respeto.
Den rettferdigheten imponerte Buck, og François fortjente hans respekt.
El otro perro no saludó y no quiso recibir saludos a cambio.
Den andre hunden hilste ikke, og ville ikke ha noe tilbake.
No robaba comida ni olfateaba con interés a los recién llegados.
Han stjal ikke mat, og snufset heller ikke interessert på de nyankomne.
Este perro era sombrío y silencioso, melancólico y de movimientos lentos.
Denne hunden var dyster og stille, dyster og treg i bevegelse.
Le advirtió a Curly que se mantuviera alejada simplemente mirándola fijamente.

Han advarte Krøllete om å holde seg unna ved å bare stirre på henne.
Su mensaje fue claro: déjenme en paz o habrá problemas.
Beskjeden hans var klar: la meg være i fred, ellers blir det trøbbel.
Se llamaba Dave y apenas se fijaba en su entorno.
Han ble kalt Dave, og han la knapt merke til omgivelsene sine.
Dormía a menudo, comía tranquilamente y bostezaba de vez en cuando.
Han sov ofte, spiste stille og gjespet nå og da.

El barco zumbaba constantemente con la hélice golpeando debajo.
Skipet summet konstant med den bankende propellen nedenfor.
Los días pasaron con pocos cambios, pero el clima se volvió más frío.
Dagene gikk med få forandringer, men været ble kaldere.
Buck podía sentirlo en sus huesos y notó que los demás también lo sentían.
Buck kunne føle det i knoklene sine, og la merke til at de andre gjorde det også.
Entonces, una mañana, la hélice se detuvo y todo quedó en silencio.
Så en morgen stoppet propellen, og alt ble stående stille.
Una energía recorrió la nave; algo había cambiado.
En energi feide gjennom skipet; noe hadde forandret seg.
François bajó, les puso las correas y los trajo arriba.
François kom ned, festet dem i bånd og førte dem opp.
Buck salió y encontró el suelo suave, blanco y frío.
Buck gikk ut og fant bakken myk, hvit og kald.
Saltó hacia atrás alarmado y resopló totalmente confundido.
Han hoppet tilbake i alarm og fnøs i full forvirring.
Una extraña sustancia blanca caía del cielo gris.
Merkelige hvite ting falt fra den grå himmelen.
Se sacudió, pero los copos blancos seguían cayendo sobre él.

Han ristet på seg, men de hvite flakene fortsatte å lande på ham.

Olió con cuidado la sustancia blanca y lamió algunos trocitos helados.

Han snuste forsiktig på den hvite substansen og slikket på noen iskalde biter.

El polvo ardió como fuego y luego desapareció de su lengua.

Pulveret brant som ild, før det forsvant rett fra tungen hans.

Buck lo intentó de nuevo, desconcertado por la extraña frialdad que desaparecía.

Buck prøvde igjen, forvirret av den merkelige, forsvinnende kulden.

Los hombres que lo rodeaban se rieron y Buck se sintió avergonzado.

Mennene rundt ham lo, og Buck følte seg flau.

No sabía por qué, pero le avergonzaba su reacción.

Han visste ikke hvorfor, men han skammet seg over reaksjonen sin.

Fue su primera experiencia con la nieve y le confundió.

Det var hans første erfaring med snø, og det forvirret ham.

La ley del garrote y el colmillo
Loven om kølle og fang

El primer día de Buck en la playa de Dyea se sintió como una terrible pesadilla.
Bucks første dag på Dyea-stranden føltes som et forferdelig mareritt.
Cada hora traía nuevas sorpresas y cambios inesperados para Buck.
Hver time brakte nye sjokk og uventede forandringer for Buck.
Lo habían sacado de la civilización y lo habían arrojado a un caos salvaje.
Han hadde blitt trukket ut av sivilisasjonen og kastet ut i et vilt kaos.
Aquella no era una vida soleada y tranquila, llena de aburrimiento y descanso.
Dette var ikke noe solrikt, lat liv med kjedsomhet og hvile.
No había paz, ni descanso, ni momento sin peligro.
Det var ingen fred, ingen hvile og intet øyeblikk uten fare.
La confusión lo dominaba todo y el peligro siempre estaba cerca.
Forvirring hersket over alt, og faren var alltid nær.
Buck tuvo que mantenerse alerta porque estos hombres y perros eran diferentes.
Buck måtte være årvåken fordi disse mennene og hundene var forskjellige.
No eran de pueblos; eran salvajes y sin piedad.
De var ikke fra byer; de var ville og uten nåde.
Estos hombres y perros sólo conocían la ley del garrote y el colmillo.
Disse mennene og hundene kjente bare loven om kølle og hoggtennen.
Buck nunca había visto perros pelear como estos salvajes huskies.
Buck hadde aldri sett hunder slåss slik som disse ville huskyene.

Su primera experiencia le enseñó una lección que nunca olvidaría.
Hans første erfaring lærte ham en lekse han aldri ville glemme.
Tuvo suerte de que no fuera él, o habría muerto también.
Han var heldig at det ikke var ham, ellers ville han også ha dødd.
Curly fue el que sufrió mientras Buck observaba y aprendía.
Det var Krøllete som led mens Buck så på og lærte.
Habían acampado cerca de una tienda construida con troncos.
De hadde slått leir i nærheten av et lager bygget av tømmerstokker.
Curly intentó ser amigable con un husky grande, parecido a un lobo.
Krøllete prøvde å være vennlig mot en stor, ulvelignende husky.
El husky era más pequeño que Curly, pero parecía salvaje y malvado.
Huskyen var mindre enn Krøllete, men så vill og slem ut.
Sin previo aviso, saltó y le abrió el rostro.
Uten forvarsel hoppet han og skar opp ansiktet hennes.
Sus dientes la atravesaron desde el ojo hasta la mandíbula en un solo movimiento.
Tennene hans skar fra øyet hennes og ned til kjeven hennes i ett trekk.
Así era como peleaban los lobos: golpeaban rápido y saltaban.
Slik kjempet ulver – slo raskt og hoppet unna.
Pero había mucho más que aprender de ese único ataque.
Men det var mer å lære enn av det ene angrepet.
Decenas de huskies entraron corriendo y formaron un círculo silencioso.
Dusinvis av huskyer stormet inn og dannet en stille sirkel.
Observaron atentamente y se lamieron los labios con hambre.
De så nøye på og slikket seg om leppene av sult.

Buck no entendió su silencio ni sus miradas ansiosas.
Buck forsto ikke tausheten deres eller de ivrige blikkene deres.
Curly se apresuró a atacar al husky por segunda vez.
Krøllete skyndte seg for å angripe huskyen for andre gang.
Él usó su pecho para derribarla con un movimiento fuerte.
Han brukte brystet til å velte henne med et kraftig bevegelse.
Ella cayó de lado y no pudo levantarse más.
Hun falt på siden og klarte ikke å reise seg igjen.
Eso era lo que los demás habían estado esperando todo el tiempo.
Det var det de andre hadde ventet på hele tiden.
Los perros esquimales saltaron sobre ella, aullando y gruñendo frenéticamente.
Huskiene hoppet på henne, hylte og knurret i et vanvidd.
Ella gritó cuando la enterraron bajo una pila de perros.
Hun skrek mens de begravde henne under en haug med hunder.
El ataque fue tan rápido que Buck se quedó paralizado por la sorpresa.
Angrepet var så raskt at Buck frøs til av sjokk.
Vio a Spitz sacar la lengua de una manera que parecía una risa.
Han så Spitz strekke ut tungen på en måte som lignet en latter.
François cogió un hacha y corrió directamente hacia el grupo de perros.
François grep en øks og løp rett inn i hundeflokken.
Otros tres hombres usaron palos para ayudar a ahuyentar a los perros esquimales.
Tre andre menn brukte køller for å hjelpe med å jage bort huskyene.
En sólo dos minutos, la pelea terminó y los perros desaparecieron.
På bare to minutter var kampen over og hundene var borte.
Curly yacía muerta en la nieve roja y pisoteada, con su cuerpo destrozado.
Krøllete lå død i den røde, nedtrampede snøen, kroppen hennes revet i stykker.

Un hombre de piel oscura estaba de pie sobre ella, maldiciendo la brutal escena.
En mørkhudet mann sto over henne og forbannet den brutale scenen.
El recuerdo permaneció con Buck y atormentó sus sueños por la noche.
Minnet ble værende hos Buck og hjemsøkte drømmene hans om natten.
Así era aquí: sin justicia, sin segundas oportunidades.
Det var måten det var her; ingen rettferdighet, ingen ny sjanse.
Una vez que un perro caía, los demás lo mataban sin piedad.
Når en hund falt, ville de andre drepe uten nåde.
Buck decidió entonces que nunca se permitiría caer.
Buck bestemte seg da for at han aldri skulle tillate seg selv å falle.
Spitz volvió a sacar la lengua y se rió de la sangre.
Spitz stakk ut tungen igjen og lo av blodet.
Desde ese momento, Buck odió a Spitz con todo su corazón.
Fra det øyeblikket av hatet Buck Spitz av hele sitt hjerte.

Antes de que Buck pudiera recuperarse de la muerte de Curly, sucedió algo nuevo.
Før Buck rakk å komme seg etter Krølletes død, skjedde det noe nytt.
François se acercó y ató algo alrededor del cuerpo de Buck.
François kom bort og bandt noe rundt Bucks kropp.
Era un arnés como los que usaban los caballos en el rancho.
Det var en sele som de som brukes på hester på ranchen.
Así como Buck había visto trabajar a los caballos, ahora él también estaba obligado a trabajar.
Akkurat som Buck hadde sett hester arbeide, måtte han nå også arbeide.
Tuvo que arrastrar a François en un trineo hasta el bosque cercano.
Han måtte trekke François på en slede inn i skogen i nærheten.
Después tuvo que arrastrar una carga de leña pesada.
Så måtte han dra tilbake et lass med tung ved.

Buck era orgulloso, por eso le dolía que lo trataran como a un animal de trabajo.
Buck var stolt, så det såret ham å bli behandlet som et arbeidsdyr.
Pero él era sabio y no intentó luchar contra la nueva situación.
Men han var klok og prøvde ikke å kjempe mot den nye situasjonen.
Aceptó su nueva vida y dio lo mejor de sí en cada tarea.
Han aksepterte sitt nye liv og ga sitt beste i enhver oppgave.
Todo en la obra le resultaba extraño y desconocido.
Alt ved arbeidet var merkelig og uvant for ham.
Francisco era estricto y exigía obediencia sin demora.
François var streng og krevde lydighet uten forsinkelse.
Su látigo garantizaba que cada orden fuera seguida al instante.
Pisken hans sørget for at hver kommando ble fulgt med en gang.
Dave era el que conducía el trineo, el perro que estaba más cerca de él, detrás de Buck.
Dave var sledens sjåfør, hunden nærmest sleden bak Buck.
Dave mordió a Buck en las patas traseras si cometía un error.
Dave bet Buck i bakbeina hvis han gjorde en feil.
Spitz era el perro líder, hábil y experimentado en su función.
Spitz var lederhunden, dyktig og erfaren i rollen.
Spitz no pudo alcanzar a Buck fácilmente, pero aún así lo corrigió.
Spitz klarte ikke å nå Buck lett, men korrigerte ham likevel.
Gruñó con dureza o tiró del trineo de maneras que le enseñaron a Buck.
Han knurret hardt eller trakk sleden på måter som lærte Buck.
Con este entrenamiento, Buck aprendió más rápido de lo que cualquiera de ellos esperaba.
Under denne opplæringen lærte Buck raskere enn noen av dem forventet.
Trabajó duro y aprendió tanto de François como de los otros perros.

Han jobbet hardt og lærte av både François og de andre hundene.
Cuando regresaron, Buck ya conocía los comandos clave.
Da de kom tilbake, kunne Buck allerede nøkkelkommandoene.
Aprendió a detenerse al oír la palabra "ho" gracias a François.
Han lærte å stoppe ved lyden av «ho» fra François.
Aprendió cuando tenía que tirar del trineo y correr.
Han lærte når han måtte trekke sleden og løpe.
Aprendió a girar abiertamente en las curvas del camino sin problemas.
Han lærte å svinge bredt i svinger på stien uten problemer.
También aprendió a evitar a Dave cuando el trineo descendía rápidamente.
Han lærte også å unngå Dave når sleden gikk fort nedoverbakke.
"Son perros muy buenos", le dijo orgulloso François a Perrault.
«De er veldig flinke hunder», sa François stolt til Perrault.
"Ese Buck tira como un demonio. Le enseño rapidísimo".
«Den Bucken drar som bare det – jeg lærer ham opp så fort som ingenting.»

Más tarde ese día, Perrault regresó con dos perros husky más.
Senere samme dag kom Perrault tilbake med to huskyhunder til.
Se llamaban Billee y Joe y eran hermanos.
De hette Billee og Joe, og de var brødre.
Venían de la misma madre, pero no se parecían en nada.
De kom fra samme mor, men var ikke like i det hele tatt.
Billee era de carácter dulce y muy amigable con todos.
Billee var godhjertet og altfor vennlig med alle.
Joe era todo lo contrario: tranquilo, enojado y siempre gruñendo.
Joe var det motsatte – stille, sint og alltid knurrende.

Buck los saludó de manera amigable y se mostró tranquilo con ambos.
Buck hilste vennlig på dem og var rolig med begge.
Dave no les prestó atención y permaneció en silencio como siempre.
Dave brydde seg ikke om dem og forble taus som vanlig.
Spitz atacó primero a Billee, luego a Joe, para demostrar su dominio.
Spitz angrep først Billee, deretter Joe, for å vise sin dominans.
Billee movió la cola y trató de ser amigable con Spitz.
Billee logret med halen og prøvde å være vennlig mot Spitz.
Cuando eso no funcionó, intentó huir.
Da det ikke fungerte, prøvde han å stikke av i stedet.
Lloró tristemente cuando Spitz lo mordió fuerte en el costado.
Han gråt dystert da Spitz bet ham hardt i siden.
Pero Joe era muy diferente y se negaba a dejarse intimidar.
Men Joe var veldig annerledes og nektet å bli mobbet.
Cada vez que Spitz se acercaba, Joe giraba rápidamente para enfrentarlo.
Hver gang Spitz kom nær, snudde Joe seg raskt for å møte ham.
Su pelaje se erizó, sus labios se curvaron y sus dientes chasquearon salvajemente.
Pelsen hans strittet, leppene hans krøllet seg, og tennene hans knakk vilt.
Los ojos de Joe brillaron de miedo y rabia, desafiando a Spitz a atacar.
Joes øyne glitret av frykt og raseri, og utfordret Spitz til å slå til.
Spitz abandonó la lucha y se alejó, humillado y enojado.
Spitz ga opp kampen og snudde seg bort, ydmyket og sint.
Descargó su frustración en el pobre Billee y lo ahuyentó.
Han lot frustrasjonen sin gå ut over stakkars Billee og jaget ham vekk.
Esa noche, Perrault añadió un perro más al equipo.
Den kvelden la Perrault til enda en hund i spannet.

Este perro era viejo, delgado y cubierto de cicatrices de batalla.

Denne hunden var gammel, mager og dekket av arr fra krigsår.

Le faltaba un ojo, pero el otro brillaba con poder.

Det ene øyet hans manglet, men det andre glitret av kraft.

El nombre del nuevo perro era Solleks, que significaba "el enojado".

Den nye hundens navn var Solleks, som betydde Den Sinte.

Al igual que Dave, Solleks no pidió nada a los demás y no dio nada a cambio.

I likhet med Dave ba Solleks ikke om noe fra andre, og ga ingenting tilbake.

Cuando Solleks entró lentamente al campamento, incluso Spitz se mantuvo alejado.

Da Solleks gikk sakte inn i leiren, holdt selv Spitz seg unna.

Tenía un hábito extraño que Buck tuvo la mala suerte de descubrir.

Han hadde en merkelig vane som Buck var uheldig å oppdage.

A Solleks le disgustaba que se acercaran a él por el lado donde estaba ciego.

Solleks hatet å bli kontaktet fra den siden hvor han var blind.

Buck no sabía esto y cometió ese error por accidente.

Buck visste ikke dette og gjorde den feilen ved et uhell.

Solleks se dio la vuelta y cortó el hombro de Buck profunda y rápidamente.

Solleks snudde seg rundt og skar Buck dypt og raskt i skulderen.

A partir de ese momento, Buck nunca se acercó al lado ciego de Solleks.

Fra det øyeblikket av kom Buck aldri i nærheten av Solleks' blinde side.

Nunca volvieron a tener problemas durante el resto del tiempo que estuvieron juntos.

De hadde aldri problemer igjen resten av tiden de var sammen.

Solleks sólo quería que lo dejaran solo, como el tranquilo Dave.
Solleks ville bare bli i fred, som stille Dave.
Pero Buck se enteraría más tarde de que cada uno tenía otro objetivo secreto.
Men Buck skulle senere få vite at de hver hadde et annet hemmelig mål.
Esa noche, Buck se enfrentó a un nuevo y preocupante desafío: cómo dormir.
Den natten sto Buck overfor en ny og problematisk utfordring – hvordan han skulle sove.
La tienda brillaba cálidamente con la luz de las velas en el campo nevado.
Teltet glødet varmt av levende lys i den snødekte feltet.
Buck entró, pensando que podría descansar allí como antes.
Buck gikk inn og tenkte at han kunne hvile der som før.
Pero Perrault y François le gritaron y le lanzaron sartenes.
Men Perrault og François ropte til ham og kastet panner.
Sorprendido y confundido, Buck corrió hacia el frío helado.
Sjokkert og forvirret løp Buck ut i den iskalde kulden.
Un viento amargo le azotó el hombro herido y le congeló las patas.
En bitter vind sved i den sårede skulderen hans og frøs til frøs potene hans.
Se tumbó en la nieve y trató de dormir al aire libre.
Han la seg ned i snøen og prøvde å sove ute i det fri.
Pero el frío pronto le obligó a levantarse de nuevo, temblando mucho.
Men kulden tvang ham snart til å reise seg igjen, skjelvende.
Deambuló por el campamento intentando encontrar un lugar más cálido.
Han vandret gjennom leiren og prøvde å finne et varmere sted.
Pero cada rincón estaba tan frío como el anterior.
Men hvert hjørne var like kaldt som det forrige.
A veces, perros salvajes saltaban sobre él desde la oscuridad.
Noen ganger hoppet ville hunder mot ham fra mørket.

Buck erizó su pelaje, mostró los dientes y gruñó en señal de advertencia.
Buck strittet i pelsen, viste tennene og glefset advarende.
Estaba aprendiendo rápido y los otros perros se alejaban rápidamente.
Han lærte fort, og de andre hundene trakk seg raskt unna.
Aún así, no tenía dónde dormir ni idea de qué hacer.
Likevel hadde han ikke noe sted å sove, og ante ikke hva han skulle gjøre.
Por fin se le ocurrió una idea: ver cómo estaban sus compañeros de equipo.
Endelig slo ham en tanke – sjekke hvordan det går med lagkameratene sine.
Regresó a su zona y se sorprendió al descubrir que habían desaparecido.
Han dro tilbake til området deres og ble overrasket over å finne dem borte.
Nuevamente buscó por todo el campamento, pero todavía no pudo encontrarlos.
Igjen lette han gjennom leiren, men fant dem fortsatt ikke.
Sabía que ellos no podían estar en la tienda, o él también lo estaría.
Han visste at de ikke kunne være i teltet, ellers ville han også være det.
Entonces ¿a dónde se habían ido todos los perros en este campamento helado?
Så hvor hadde alle hundene blitt av i denne frosne leiren?
Buck, frío y miserable, caminó lentamente alrededor de la tienda.
Buck, kald og ulykkelig, sirklet sakte rundt teltet.
De repente, sus patas delanteras se hundieron en la nieve blanda y lo sobresaltó.
Plutselig sank forbeina hans ned i den myke snøen og skremte ham.
Algo se movió bajo sus pies y saltó hacia atrás asustado.
Noe vred seg under føttene hans, og han hoppet bakover i frykt.

Gruñó y rugió sin saber qué había debajo de la nieve.
Han knurret og glefset, uten å vite hva som lå under snøen.
Entonces oyó un ladrido amistoso que alivió su miedo.
Så hørte han et vennlig lite bjeff som dempet frykten hans.
Olfateó el aire y se acercó para ver qué estaba oculto.
Han snuste i luften og kom nærmere for å se hva som var skjult.
Bajo la nieve, acurrucada en una bola cálida, estaba la pequeña Billee.
Under snøen, krøllet sammen til en varm ball, lå lille Billee.
Billee movió la cola y lamió la cara de Buck para saludarlo.
Billee logret med halen og slikket Buck i ansiktet for å hilse på ham.
Buck vio cómo Billee había hecho un lugar para dormir en la nieve.
Buck så hvordan Billee hadde laget en soveplass i snøen.
Había cavado y usado su propio calor para mantenerse caliente.
Han hadde gravd seg ned og brukt sin egen varme for å holde seg varm.
Buck había aprendido otra lección: así era como dormían los perros.
Buck hadde lært en annen lekse – det var slik hundene sov.
Eligió un lugar y comenzó a cavar su propio hoyo en la nieve.
Han valgte et sted og begynte å grave sitt eget hull i snøen.
Al principio, se movía demasiado y desperdiciaba energía.
I starten beveget han seg for mye og sløste med energi.
Pero pronto su cuerpo calentó el espacio y se sintió seguro.
Men snart varmet kroppen hans opp rommet, og han følte seg trygg.
Se acurrucó fuertemente y al poco tiempo estaba profundamente dormido.
Han krøllet seg tett sammen, og det tok ikke lang tid før han sov dypt.
El día había sido largo y duro, y Buck estaba exhausto.
Dagen hadde vært lang og hard, og Buck var utslitt.

Durmió profundamente y cómodamente, aunque sus sueños fueron salvajes.
Han sov dypt og komfortabelt, selv om drømmene hans var ville.
Gruñó y ladró mientras dormía, retorciéndose mientras soñaba.
Han knurret og bjeffet i søvne, og vred seg mens han drømte.

Buck no se despertó hasta que el campamento ya estaba cobrando vida.
Buck våknet ikke før leiren allerede våknet til liv.
Al principio, no sabía dónde estaba ni qué había sucedido.
Først visste han ikke hvor han var eller hva som hadde skjedd.
Había nevado durante la noche y había enterrado completamente su cuerpo.
Snø hadde falt over natten og begravd kroppen hans fullstendig.
La nieve lo apretaba por todos lados.
Snøen presset seg tett rundt ham på alle kanter.
De repente, una ola de miedo recorrió todo el cuerpo de Buck.
Plutselig fór en bølge av frykt gjennom hele Bucks kropp.
Era el miedo a quedar atrapado, un miedo que provenía de instintos profundos.
Det var frykten for å bli fanget, en frykt fra dype instinkter.
Aunque nunca había visto una trampa, el miedo vivía dentro de él.
Selv om han aldri hadde sett en felle, levde frykten inni ham.
Era un perro domesticado, pero ahora sus viejos instintos salvajes estaban despertando.
Han var en tam hund, men nå våknet hans gamle ville instinkter.
Los músculos de Buck se tensaron y se le erizó el pelaje por toda la espalda.
Bucks muskler strammet seg, og pelsen hans reiste seg over hele ryggen.
Gruñó ferozmente y saltó hacia arriba a través de la nieve.

Han knurret voldsomt og sprang rett opp gjennom snøen.
La nieve voló en todas direcciones cuando estalló la luz del día.
Snøen fløy i alle retninger idet han brøt ut i dagslyset.
Incluso antes de aterrizar, Buck vio el campamento extendido ante él.
Selv før landing så Buck leiren brede seg ut foran seg.
Recordó todo del día anterior, de repente.
Han husket alt fra dagen før, på en gang.
Recordó pasear con Manuel y terminar en ese lugar.
Han husket at han spaserte med Manuel og endte opp på dette stedet.
Recordó haber cavado el hoyo y haberse quedado dormido en el frío.
Han husket at han gravde hullet og sovnet i kulden.
Ahora estaba despierto y el mundo salvaje que lo rodeaba estaba claro.
Nå var han våken, og den ville verden rundt ham var klar.
Un grito de François saludó la repentina aparición de Buck.
Et rop fra François hyllet Bucks plutselige opptreden.
—¿Qué te dije? —gritó en voz alta el conductor del perro a Perrault.
«Hva sa jeg?» ropte hundeføreren høyt til Perrault.
"Ese Buck sin duda aprende muy rápido", añadió François.
«Den Buck lærer jo så absolutt fort,» la François til.
Perrault asintió gravemente, claramente satisfecho con el resultado.
Perrault nikket alvorlig, tydelig fornøyd med resultatet.
Como mensajero del gobierno canadiense, transportaba despachos.
Som kurer for den kanadiske regjeringen fraktet han forsendelser.
Estaba ansioso por encontrar los mejores perros para su importante misión.
Han var ivrig etter å finne de beste hundene til sitt viktige oppdrag.

Se sintió especialmente complacido ahora que Buck era parte del equipo.
Han følte seg spesielt fornøyd nå som Buck var en del av laget.
Se agregaron tres huskies más al equipo en una hora.
Tre nye huskyer ble lagt til teamet i løpet av en time.
Eso elevó el número total de perros en el equipo a nueve.
Det brakte det totale antallet hunder i laget til ni.
En quince minutos todos los perros estaban en sus arneses.
Innen femten minutter var alle hundene i selene sine.
El equipo de trineos avanzaba por el sendero hacia Dyea Cañón.
Akespannet svingte oppover stien mot Dyea Cañon.
Buck se sintió contento de partir, incluso si el trabajo que tenía por delante era duro.
Buck var glad for å dra, selv om arbeidet som lå foran ham var hardt.
Descubrió que no despreciaba especialmente el trabajo ni el frío.
Han fant ut at han ikke spesielt foraktet arbeidet eller kulden.
Le sorprendió el entusiasmo que llenaba a todo el equipo.
Han ble overrasket over iveren som fylte hele laget.
Aún más sorprendente fue el cambio que se produjo en Dave y Solleks.
Enda mer overraskende var forandringen som hadde kommet over Dave og Solleks.
Estos dos perros eran completamente diferentes cuando estaban enjaezados.
Disse to hundene var helt forskjellige da de var i sele.
Su pasividad y falta de preocupación habían desaparecido por completo.
Deres passivitet og mangel på bekymring hadde forsvunnet fullstendig.
Estaban alertas y activos, y ansiosos por hacer bien su trabajo.
De var årvåkne og aktive, og ivrige etter å gjøre jobben sin bra.
Se irritaban ferozmente ante cualquier cosa que causara retraso o confusión.

De ble voldsomt irriterte over alt som forårsaket forsinkelse eller forvirring.
El duro trabajo en las riendas era el centro de todo su ser.
Det harde arbeidet med tøylene var sentrum for hele deres vesen.
Tirar del trineo parecía ser lo único que realmente disfrutaban.
Aketrekking så ut til å være det eneste de virkelig likte.
Dave estaba en la parte de atrás del grupo, más cerca del trineo.
Dave var bakerst i gruppen, nærmest selve sleden.
Buck fue colocado delante de Dave, y Solleks se adelantó a Buck.
Buck ble plassert foran Dave, og Solleks trakk seg foran Buck.
El resto de los perros estaban dispersos adelante, en una sola fila.
Resten av hundene lå langs rekke foran i én rekke.
La posición de cabeza en la parte delantera quedó ocupada por Spitz.
Lederposisjonen foran ble fylt av Spitz.
Buck había sido colocado entre Dave y Solleks para recibir instrucción.
Buck hadde blitt plassert mellom Dave og Solleks for instruksjon.
Él aprendía rápido y sus profesores eran firmes y capaces.
Han lærte raskt, og de var bestemte og dyktige lærere.
Nunca permitieron que Buck permaneciera en el error por mucho tiempo.
De lot aldri Buck forbli i villfarelse lenge.
Enseñaron sus lecciones con dientes afilados cuando era necesario.
De underviste med skarpe tenner når det var nødvendig.
Dave era justo y mostraba un tipo de sabiduría tranquila y seria.
Dave var rettferdig og viste en stille, seriøs form for visdom.
Él nunca mordió a Buck sin una buena razón para hacerlo.
Han bet aldri Buck uten en god grunn til det.

Pero nunca dejó de morder cuando Buck necesitaba corrección.
Men han unnlot aldri å bite når Buck trengte korrigering.
El látigo de Francisco estaba siempre listo y respaldaba su autoridad.
François' pisk var alltid klar og støttet opp om autoriteten deres.
Buck pronto descubrió que era mejor obedecer que defenderse.
Buck fant snart ut at det var bedre å adlyde enn å slå tilbake.
Una vez, durante un breve descanso, Buck se enredó en las riendas.
En gang, under en kort hvil, viklet Buck seg inn i tøylene.
Retrasó el inicio y confundió los movimientos del equipo.
Han forsinket starten og forvirret lagets bevegelser.
Dave y Solleks se abalanzaron sobre él y le dieron una paliza brutal.
Dave og Solleks fór mot ham og ga ham en hard juling.
El enredo sólo empeoró, pero Buck aprendió bien la lección.
Floken ble bare verre, men Buck lærte leksa si godt.
A partir de entonces, mantuvo las riendas tensas y trabajó con cuidado.
Fra da av holdt han tømmene stramt og arbeidet forsiktig.
Antes de que terminara el día, Buck había dominado gran parte de su tarea.
Før dagen var omme, hadde Buck mestret mye av oppgaven sin.
Sus compañeros casi dejaron de corregirlo y morderlo.
Lagkameratene hans holdt nesten på å slutte å korrigere eller bite ham.
El látigo de François resonaba cada vez con menos frecuencia en el aire.
François' pisk knitret sjeldnere og sjeldnere gjennom luften.
Perrault incluso levantó los pies de Buck y examinó cuidadosamente cada pata.
Perrault løftet til og med Bucks føtter og undersøkte nøye hver pote.

Había sido un día de carrera duro, largo y agotador para todos ellos.
Det hadde vært en hard løpetur, lang og slitsom for dem alle.
Viajaron por el Cañón, atravesando Sheep Camp y pasando por Scales.
De reiste opp Cañon, gjennom Sheep Camp og forbi Scales.
Cruzaron la línea de árboles, luego glaciares y bancos de nieve de muchos metros de profundidad.
De krysset tømmergrensen, deretter isbreer og snøfonner mange meter dype.
Escalaron la gran, fría y prohibitiva divisoria de Chilkoot.
De klatret den store, kalde og forferdelige Chilkoot-kløften.
Esa alta cresta se encontraba entre el agua salada y el interior helado.
Den høye åskammen lå mellom saltvann og det frosne indre.
Las montañas custodiaban con hielo y empinadas subidas el triste y solitario Norte.
Fjellene voktet det triste og ensomme Nord med is og bratte stigninger.
Avanzaron a buen ritmo por una larga cadena de lagos debajo de la divisoria.
De hadde god tid nedover en lang rekke med innsjøer nedenfor grensen.
Esos lagos llenaban los antiguos cráteres de volcanes extintos.
Disse innsjøene fylte de gamle kratrene til utdødde vulkaner.
Tarde esa noche, llegaron a un gran campamento en el lago Bennett.
Sent den kvelden nådde de en stor leir ved Lake Bennett.
Miles de buscadores de oro estaban allí, construyendo barcos para la primavera.
Tusenvis av gullsøkere var der og bygde båter til våren.
El hielo se rompería pronto y tenían que estar preparados.
Isen skulle snart bryte opp, og de måtte være forberedt.
Buck cavó su hoyo en la nieve y cayó en un sueño profundo.
Buck gravde hullet sitt i snøen og falt i en dyp søvn.

Durmió como un trabajador, exhausto por la dura jornada de trabajo.
Han sov som en arbeider, utmattet etter den harde dagen med slit.
Pero demasiado pronto, en la oscuridad, fue sacado del sueño.
Men altfor tidlig i mørket ble han dratt ut av søvnen.
Fue enganchado nuevamente con sus compañeros y sujeto al trineo.
Han ble spennt for sele sammen med kameratene sine igjen og festet til sleden.
Aquel día hicieron cuarenta millas, porque la nieve estaba muy pisoteada.
Den dagen tilbakela de førti mil, fordi snøen var godt tråkket.
Al día siguiente, y durante muchos días más, la nieve estaba blanda.
Dagen etter, og i mange dager etter, var snøen myk.
Tuvieron que hacer el camino ellos mismos, trabajando más duro y moviéndose más lento.
De måtte lage stien selv, jobbe hardere og bevege seg saktere.
Por lo general, Perrault caminaba delante del equipo con raquetas de nieve palmeadas.
Vanligvis gikk Perrault foran laget med truger med svømmehud.
Sus pasos compactaron la nieve, facilitando el movimiento del trineo.
Skrittene hans pakket snøen, noe som gjorde det lettere for sleden å bevege seg.
François, que dirigía el barco desde la dirección, a veces tomaba el relevo.
François, som styrte fra gee-polen, tok noen ganger over.
Pero era raro que François tomara la iniciativa.
Men det var sjelden at François tok ledelsen
porque Perrault tenía prisa por entregar las cartas y los paquetes.
fordi Perrault hadde det travelt med å levere brevene og pakkene.

Perrault estaba orgulloso de su conocimiento de la nieve, y especialmente del hielo.
Perrault var stolt av sin kunnskap om snø, og spesielt is.
Ese conocimiento era esencial porque el hielo en otoño era peligrosamente delgado.
Den kunnskapen var viktig, for høstisen var farlig tynn.
Allí donde el agua fluía rápidamente bajo la superficie, no había hielo en absoluto.
Der vannet rant raskt under overflaten, var det ingen is i det hele tatt.

Día tras día, la misma rutina se repetía sin fin.
Dag etter dag gjentok den samme rutinen seg uten ende.
Buck trabajó incansablemente en las riendas desde el amanecer hasta la noche.
Buck slet uendelig i tømmene fra daggry til natt.
Abandonaron el campamento en la oscuridad, mucho antes de que saliera el sol.
De forlot leiren i mørket, lenge før solen hadde stått opp.
Cuando amaneció, ya habían recorrido muchos kilómetros.
Da dagslyset kom, var mange mil allerede bak dem.
Acamparon después del anochecer, comieron pescado y excavaron en la nieve.
De slo leir etter mørkets frembrudd, spiste fisk og gravde seg ned i snøen.
Buck siempre tenía hambre y nunca estaba realmente satisfecho con su ración.
Buck var alltid sulten og aldri helt fornøyd med rasjonen sin.
Recibía una libra y media de salmón seco cada día.
Han fikk halvannet pund tørket laks hver dag.
Pero la comida parecía desaparecer dentro de él, dejando atrás el hambre.
Men maten syntes å forsvinne inni ham, og etterlot sulten.
Sufría constantes dolores de hambre y soñaba con más comida.
Han led av konstant sultfølelse og drømte om mer mat.

Los otros perros sólo ganaron una libra, pero se mantuvieron fuertes.
De andre hundene fikk bare ett pund mat, men de holdt seg sterke.
Eran más pequeños y habían nacido en la vida del norte.
De var mindre, og hadde blitt født inn i det nordlige livet.
Perdió rápidamente la meticulosidad que había caracterizado su antigua vida.
Han mistet raskt den kresenheten som hadde preget hans gamle liv.
Había sido un comensal delicado, pero ahora eso ya no era posible.
Han hadde vært en finspiser, men nå var ikke det lenger mulig.
Sus compañeros terminaron primero y le robaron su ración sobrante.
Kameratene hans ble først ferdige og frarøvet ham den uferdige rasjonen.
Una vez que empezaron, no había forma de defender su comida de ellos.
Da de først hadde begynt, var det ingen måte å forsvare maten hans mot dem.
Mientras él luchaba contra dos o tres perros, los otros le robaron el resto.
Mens han kjempet mot to eller tre hunder, stjal de andre resten.
Para solucionar esto, comenzó a comer tan rápido como los demás.
For å fikse dette begynte han å spise like fort som de andre spiste.
El hambre lo empujó tan fuerte que incluso tomó comida que no era suya.
Sulten presset ham så hardt at han til og med spiste mat som ikke var sin egen.
Observó a los demás y aprendió rápidamente de sus acciones.
Han så på de andre og lærte raskt av handlingene deres.

Vio a Pike, un perro nuevo, robarle una rebanada de tocino a Perrault.
Han så Pike, en ny hund, stjele en skive bacon fra Perrault.
Pike había esperado hasta que Perrault se dio la espalda para robarle el tocino.
Pike hadde ventet til Perrault ble vendt ryggen til før han stjal baconet.
Al día siguiente, Buck copió a Pike y robó todo el trozo.
Dagen etter kopierte Buck Pike og stjal hele delen.
Se produjo un gran alboroto, pero no se sospechó de Buck.
Et stort oppstyr fulgte, men Buck ble ikke mistenkt.
Dub, un perro torpe que siempre era atrapado, fue castigado.
Dub, en klønete hund som alltid ble tatt, ble straffet i stedet.
Ese primer robo marcó a Buck como un perro apto para sobrevivir en el Norte.
Det første tyveriet markerte Buck som en hund som var skikket til å overleve i Nord.
Demostró que podía adaptarse a nuevas condiciones y aprender rápidamente.
Han viste at han kunne tilpasse seg nye forhold og lære raskt.
Sin esa adaptabilidad, habría muerto rápida y gravemente.
Uten en slik tilpasningsevne ville han ha dødd raskt og stygt.
También marcó el colapso de su naturaleza moral y de sus valores pasados.
Det markerte også sammenbruddet av hans moralske natur og tidligere verdier.
En el Sur, había vivido bajo la ley del amor y la bondad.
I Sørlandet hadde han levd under kjærlighetens og godhetens lov.
Allí tenía sentido respetar la propiedad y los sentimientos de los otros perros.
Der var det fornuftig å respektere eiendom og andre hunders følelser.
Pero en el Norte se aplicaba la ley del garrote y la ley del colmillo.
Men Nordlandet fulgte loven om kølle og loven om fang.

Quienquiera que respetara los viejos valores aquí sería un tonto y fracasaría.
Den som respekterte gamle verdier her var tåpelig og ville mislykkes.
Buck no razonó todo esto en su mente.
Buck resonnerte ikke alt dette ut i sitt sinn.
Estaba en forma y se adaptó sin necesidad de pensar.
Han var i form, så han justerte seg uten å måtte tenke.
Durante toda su vida, nunca había huido de una pelea.
Hele livet hadde han aldri rømt fra en slåsskamp.
Pero el garrote de madera del hombre del suéter rojo cambió esa regla.
Men trekjøllen til mannen i den røde genseren endret den regelen.
Ahora seguía un código más profundo y antiguo escrito en su ser.
Nå fulgte han en dypere, eldre kode skrevet inn i hans vesen.
No robó por placer sino por el dolor del hambre.
Han stjal ikke av nytelse, men av sultens smerte.
Él nunca robaba abiertamente, sino que hurtaba con astucia y cuidado.
Han ranet aldri åpenlyst, men stjal med list og forsiktighet.
Actuó por respeto al garrote de madera y por miedo al colmillo.
Han handlet av respekt for trekjøllen og frykt for hoggtannen.
En resumen, hizo lo que era más fácil y seguro que no hacerlo.
Kort sagt, han gjorde det som var enklere og tryggere enn å ikke gjøre det.
Su desarrollo —o quizás su regreso a los viejos instintos— fue rápido.
Utviklingen hans – eller kanskje tilbakekomsten til gamle instinkter – gikk raskt.
Sus músculos se endurecieron hasta sentirse tan fuertes como el hierro.
Musklene hans stivnet til de føltes sterke som jern.
Ya no le importaba el dolor, a menos que fuera grave.

Han brydde seg ikke lenger om smerte, med mindre den var alvorlig.

Se volvió eficiente por dentro y por fuera, sin desperdiciar nada.
Han ble effektiv både innvendig og utvendig, og sløste ingenting bort.

Podía comer cosas viles, podridas o difíciles de digerir.
Han kunne spise ting som var avskyelige, råtne eller vanskelige å fordøye.

Todo lo que comía, su estómago aprovechaba hasta el último vestigio de valor.
Uansett hva han spiste, brukte magen hans opp hver minste verdi.

Su sangre transportaba los nutrientes a través de su poderoso cuerpo.
Blodet hans fraktet næringsstoffene langt gjennom den kraftige kroppen hans.

Esto creó tejidos fuertes que le dieron una resistencia increíble.
Dette bygde opp sterkt vev som ga ham utrolig utholdenhet.

Su vista y su olfato se volvieron mucho más sensibles que antes.
Synet og luktesansen hans ble mye mer følsom enn før.

Su audición se agudizó tanto que podía detectar sonidos débiles durante el sueño.
Hørselen hans ble så skarp at han kunne oppfatte svake lyder i søvne.

Sabía en sueños si los sonidos significaban seguridad o peligro.
Han visste i drømmene sine om lydene betydde sikkerhet eller fare.

Aprendió a morder el hielo entre los dedos de los pies con los dientes.
Han lærte å bite i isen mellom tærne med tennene.

Si un charco de agua se congelaba, rompía el hielo con las piernas.
Hvis et vannhull frøs til, ville han knekke isen med beina.

Se encabritó y golpeó con fuerza el hielo con sus rígidas patas delanteras.
Han reiste seg opp og slo hardt i isen med stive forbein.
Su habilidad más sorprendente era predecir los cambios del viento durante la noche.
Hans mest slående evne var å forutsi vindendringer over natten.
Incluso cuando el aire estaba quieto, elegía lugares protegidos del viento.
Selv når luften var stille, valgte han steder skjermet for vind.
Dondequiera que cavaba su nido, el viento del día siguiente lo pasaba de largo.
Uansett hvor han gravde reiret sitt, blåste neste dags vind forbi ham.
Siempre acababa abrigado y protegido, a sotavento de la brisa.
Han endte alltid opp med å ligge lunt og beskyttet, i le av brisen.
Buck no sólo aprendió con la experiencia: sus instintos también regresaron.
Buck lærte ikke bare av erfaring – instinktene hans kom også tilbake.
Los hábitos de las generaciones domesticadas comenzaron a desaparecer.
Vanene til tamme generasjoner begynte å falle bort.
De manera vaga, recordaba los tiempos antiguos de su raza.
På vage måter husket han oldtiden til sin rase.
Recordó cuando los perros salvajes corrían en manadas por los bosques.
Han tenkte tilbake på den gang ville hunder løp i flokk gjennom skoger.
Habían perseguido y matado a su presa mientras la perseguían.
De hadde jaget og drept byttet sitt mens de løp nedover det.
Para Buck fue fácil aprender a pelear con dientes y velocidad.
Det var lett for Buck å lære å slåss med tann og fart.

Utilizaba cortes, tajos y chasquidos rápidos igual que sus antepasados.
Han brukte kutt, skråstrek og raske snaps akkurat som sine forfedre.
Aquellos antepasados se agitaron dentro de él y despertaron su naturaleza salvaje.
Disse forfedrene rørte seg i ham og vekket hans ville natur.
Sus antiguas habilidades habían pasado a él a través de la línea de sangre.
De gamle ferdighetene deres hadde blitt arvet av ham gjennom blodslinjen.
Sus trucos ahora eran suyos, sin necesidad de práctica ni esfuerzo.
Nå var triksene deres hans, uten behov for øvelse eller anstrengelse.

En las noches frías y quietas, Buck levantaba la nariz y aullaba.
På stille, kalde netter løftet Buck nesen og hylte.
Aulló largo y profundamente, como lo hacían los lobos antaño.
Han hylte lenge og dypt, slik ulver hadde gjort for lenge siden.
A través de él, sus antepasados muertos apuntaron sus narices y aullaron.
Gjennom ham pekte hans avdøde forfedre nesen og hylte.
Aullaron a través de los siglos con su voz y su forma.
De hylte ned gjennom århundrene i stemmen og skikkelsen hans.
Sus cadencias eran las de ellos, viejos gritos que hablaban de dolor y frío.
Kadensene hans var deres, gamle rop som fortalte om sorg og kulde.
Cantaron sobre la oscuridad, el hambre y el significado del invierno.
De sang om mørke, om sult og vinterens betydning.
Buck demostró cómo la vida está determinada por fuerzas ajenas a uno mismo.

Buck beviste hvordan livet formes av krefter utenfor en selv,
La antigua canción se elevó a través de Buck y se apoderó de su alma.
den eldgamle sangen steg gjennom Buck og grep sjelen hans.
Se encontró a sí mismo porque los hombres habían encontrado oro en el Norte.
Han fant seg selv fordi menn hadde funnet gull i Nord.
Y se encontró porque Manuel, el ayudante del jardinero, necesitaba dinero.
Og han fant seg selv fordi Manuel, gartnerens hjelper, trengte penger.

La Bestia Primordial Dominante
Det dominerende urbeistet

La bestia primordial dominante era tan fuerte como siempre en Buck.
Det dominerende urbeistet var like sterkt som alltid i Buck.
Pero la bestia primordial dominante yacía latente en él.
Men det dominerende urbeistet hadde ligget i dvale i ham.
La vida en el camino era dura, pero fortalecía a la bestia que Buck llevaba dentro.
Livet på stiene var hardt, men det styrket dyret inni Buck.
En secreto, la bestia se hacía cada día más fuerte.
I hemmelighet ble udyret sterkere og sterkere for hver dag.
Pero ese crecimiento interior permaneció oculto para el mundo exterior.
Men den indre veksten forble skjult for omverdenen.
Una fuerza primordial, tranquila y calmada se estaba construyendo dentro de Buck.
En stille og rolig urkraft bygde seg opp inni Buck.
Una nueva astucia le proporcionó a Buck equilibrio, calma, control y aplomo.
Ny list ga Buck balanse, rolig kontroll og holdning.
Buck se concentró mucho en adaptarse, sin sentirse nunca totalmente relajado.
Buck fokuserte hardt på å tilpasse seg, og følte seg aldri helt avslappet.
Él evitaba los conflictos, nunca iniciaba peleas ni buscaba problemas.
Han unngikk konflikter, startet aldri slåsskamper eller søkte bråk.
Una reflexión lenta y constante moldeó cada movimiento de Buck.
En langsom, jevn omtanke formet hver eneste bevegelse av Buck.
Evitó las elecciones precipitadas y las decisiones repentinas e imprudentes.

Han unngikk forhastede valg og plutselige, hensynsløse avgjørelser.

Aunque Buck odiaba profundamente a Spitz, no le mostró ninguna agresión.

Selv om Buck hatet Spitz dypt, viste han ham ingen aggresjon.

Buck nunca provocó a Spitz y mantuvo sus acciones moderadas.

Buck provoserte aldri Spitz, og holdt handlingene sine tilbakeholdne.

Spitz, por otro lado, percibió el creciente peligro en Buck.

Spitz, derimot, ante den økende faren i Buck.

Él veía a Buck como una amenaza y un serio desafío a su poder.

Han så på Buck som en trussel og en alvorlig utfordring mot sin makt.

Aprovechó cada oportunidad para gruñir y mostrar sus afilados dientes.

Han benyttet enhver anledning til å knurre og vise frem de skarpe tennene sine.

Estaba tratando de iniciar la pelea mortal que estaba por venir.

Han prøvde å starte den dødelige kampen som måtte komme.

Al principio del viaje casi se desató una pelea entre ellos.

Tidlig på turen holdt det på å brøt ut en slåsskamp mellom dem.

Pero un accidente inesperado detuvo la pelea.

Men en uventet ulykke stoppet kampen.

Esa tarde acamparon en el gélido lago Le Barge.

Den kvelden slo de leir ved den bitende kalde innsjøen Le Barge.

La nieve caía con fuerza y el viento cortaba como un cuchillo.

Snøen falt kraftig, og vinden skar som en kniv.

La noche había llegado demasiado rápido y la oscuridad los rodeaba.

Natten kom altfor fort, og mørket omsluttet dem.

Difícilmente podrían haber elegido un peor lugar para descansar.
De kunne knapt ha valgt et verre sted for hvile.
Los perros buscaban desesperadamente un lugar donde tumbarse.
Hundene lette desperat etter et sted å ligge.
Detrás del pequeño grupo se alzaba una alta pared de roca.
En høy fjellvegg reiste seg bratt bak den lille gruppen.
La tienda de campaña había sido abandonada en Dyea para aligerar la carga.
Teltet hadde blitt etterlatt i Dyea for å lette byrden.
No les quedó más remedio que hacer el fuego sobre el propio hielo.
De hadde ikke noe annet valg enn å lage bålet på selve isen.
Extendieron sus batas para dormir directamente sobre el lago helado.
De spredte sovekåpene sine rett på den frosne innsjøen.
Unos cuantos palitos de madera flotante les dieron un poco de fuego.
Noen få drivvedstokker ga dem litt ild.
Pero el fuego se construyó sobre el hielo y se descongeló a través de él.
Men ilden ble tent på isen, og tint gjennom den.
Al final, estaban comiendo su cena en la oscuridad.
Til slutt spiste de kveldsmaten sin i mørket.
Buck se acurrucó junto a la roca, protegido del viento frío.
Buck krøllet seg sammen ved siden av steinen, ly for den kalde vinden.
El lugar era tan cálido y seguro que Buck odiaba mudarse.
Stedet var så varmt og trygt at Buck hatet å flytte seg vekk.
Pero François había calentado el pescado y estaba repartiendo raciones.
Men François hadde varmet fisken og delte ut rasjoner.
Buck terminó de comer rápidamente y regresó a su cama.
Buck ble raskt ferdig med å spise og gikk tilbake til sengen sin.
Pero Spitz ahora estaba acostado donde Buck había hecho su cama.

Men Spitz lå nå der Buck hadde redd opp sengen sin.
Un gruñido bajo advirtió a Buck que Spitz se negaba a moverse.
Et lavt knurr advarte Buck om at Spitz nektet å røre seg.
Hasta ahora, Buck había evitado esta pelea con Spitz.
Frem til nå hadde Buck unngått denne kampen med Spitz.
Pero en lo más profundo de Buck la bestia finalmente se liberó.
Men dypt inne i Buck brøt udyret endelig løs.
El robo de su lugar para dormir era algo demasiado difícil de tolerar.
Tyveriet av soveplassen hans var for mye å tolerere.
Buck se lanzó hacia Spitz, lleno de ira y rabia.
Buck kastet seg mot Spitz, full av sinne og raseri.
Hasta ahora Spitz había pensado que Buck era sólo un perro grande.
Frem til nå hadde Spitz trodd at Buck bare var en stor hund.
No creía que Buck hubiera sobrevivido a través de su espíritu.
Han trodde ikke Buck hadde overlevd gjennom ånden sin.
Esperaba miedo y cobardía, no furia y venganza.
Han forventet frykt og feighet, ikke raseri og hevn.
François se quedó mirando mientras los dos perros salían del nido en ruinas.
François stirret mens begge hundene braste ut av det ødelagte reiret.
Comprendió de inmediato lo que había iniciado la salvaje lucha.
Han forsto med en gang hva som hadde startet den ville kampen.
—¡Ah! —gritó François en apoyo del perro marrón.
«Aa-ah!» ropte François til støtte for den brune hunden.
¡Dale una paliza! ¡Por Dios, castiga a ese ladrón astuto!
«Gi ham juling! Ved Gud, straff den lumske tyven!»
Spitz mostró la misma disposición y un entusiasmo salvaje por luchar.
Spitz viste like stor beredskap og vill iver etter å kjempe.

Gritó de rabia mientras giraba rápidamente en busca de una abertura.
Han ropte ut i raseri mens han sirklet raskt og lette etter en åpning.
Buck mostró el mismo hambre de luchar y la misma cautela.
Buck viste den samme kamplysten og den samme forsiktigheten.
También rodeó a su oponente, intentando obtener la ventaja en la batalla.
Han sirklet også rundt motstanderen sin i et forsøk på å få overtaket i kampen.
Entonces sucedió algo inesperado y lo cambió todo.
Så skjedde det noe uventet og forandret alt.
Ese momento retrasó la eventual lucha por el liderazgo.
Det øyeblikket forsinket den endelige kampen om lederskapet.
Muchos kilómetros de camino y lucha aún nos esperaban antes del final.
Mange kilometer med stier og kamp ventet fortsatt før slutten.
Perrault gritó un juramento cuando un garrote impactó contra el hueso.
Perrault ropte en ed mens en kølle slo mot et bein.
Se escuchó un agudo grito de dolor y luego el caos explotó por todas partes.
Et skarpt smertehyl fulgte, deretter eksploderte kaos rundt omkring.
En el campamento se movían figuras oscuras: perros esquimales salvajes, hambrientos y feroces.
Mørke skikkelser beveget seg i leiren; ville huskyer, sultne og hissige.
Cuatro o cinco docenas de perros esquimales habían olfateado el campamento desde lejos.
Fire eller fem dusin huskyer hadde snust på leiren langveisfra.
Se habían colado sigilosamente mientras los dos perros peleaban cerca.
De hadde sneket seg stille inn mens de to hundene sloss i nærheten.
François y Perrault atacaron con garrotes a los invasores.

François og Perrault angrep inntrengerne og svingte køller.
Los perros esquimales hambrientos mostraron los dientes y contraatacaron frenéticamente.
De sultende huskyene viste tenner og kjempet tilbake i vanvidd.
El olor a carne y a pan les había hecho perder todo miedo.
Lukten av kjøtt og brød hadde drevet dem over all frykt.
Perrault golpeó a un perro que había enterrado su cabeza en el cajón de comida.
Perrault slo en hund som hadde begravd hodet sitt i matkassen.
El golpe fue muy fuerte y la caja se volcó, derramándose comida.
Slaget traff hardt, esken veltet, og maten rant ut.
En cuestión de segundos, una veintena de bestias salvajes destrozaron el pan y la carne.
I løpet av sekunder rev en rekke ville dyr seg i brødet og kjøttet.
Los garrotes de los hombres asestaron golpe tras golpe, pero ningún perro se apartó.
Herreklubbene landet slag etter slag, men ingen hund snudde seg.
Aullaron de dolor, pero lucharon hasta que no quedó comida.
De hylte av smerte, men kjempet til det ikke var mat igjen.
Mientras tanto, los perros de trineo habían saltado de sus camas nevadas.
I mellomtiden hadde sledehundene hoppet opp fra de snødekte sengene sine.
Fueron atacados instantáneamente por los feroces y hambrientos huskies.
De ble umiddelbart angrepet av de ondsinnede sultne huskyene.
Buck nunca había visto criaturas tan salvajes y hambrientas antes.
Buck hadde aldri sett så ville og sultne skapninger før.
Su piel colgaba suelta, ocultando apenas sus esqueletos.

Huden deres hang løs og skjulte så vidt skjelettene.
Había un fuego en sus ojos, de hambre y locura.
Det var en ild i øynene deres, fra sult og galskap
No había manera de detenerlos, de resistirse a su ataque salvaje.
Det var ingen som kunne stoppe dem; ingen kunne motstå deres ville fremmarsj.
Los perros de trineo fueron empujados hacia atrás y presionados contra la pared del acantilado.
Sledehundene ble dyttet tilbake, presset mot klippeveggen.
Tres perros esquimales atacaron a Buck a la vez, desgarrando su carne.
Tre huskyer angrep Buck samtidig og rev ham i kjøttet.
La sangre le brotaba de la cabeza y de los hombros, donde había recibido el corte.
Blod strømmet fra hodet og skuldrene hans, der han hadde blitt kuttet.
El ruido llenó el campamento: gruñidos, aullidos y gritos de dolor.
Støyen fylte leiren; knurring, hyling og smerteskrik.
Billee gritó fuerte, como siempre, atrapada en la pelea y el pánico.
Billee gråt høyt, som vanlig, fanget i striden og panikken.
Dave y Solleks estaban uno al lado del otro, sangrando pero desafiantes.
Dave og Solleks sto side om side, blødende, men trassige.
Joe peleó como un demonio, mordiendo todo lo que se acercaba.
Joe kjempet som en demon og bet alt som kom i nærheten.
Aplastó la pata de un husky con un brutal chasquido de sus mandíbulas.
Han knuste et bein på en husky med et brutalt knekk med kjevene.
Pike saltó sobre el husky herido y le rompió el cuello instantáneamente.
Gjedde hoppet opp på den sårede huskyen og brakk nakken dens momentant.

Buck agarró a un husky por el cuello y le arrancó la vena.
Buck tok tak i halsen på en husky og rev gjennom en vene.
La sangre salpicó y el sabor cálido llevó a Buck al frenesí.
Blod sprutet, og den varme smaken gjorde Buck rasende.
Se abalanzó sobre otro atacante sin dudarlo.
Han kastet seg mot en annen angriper uten å nøle.
En ese mismo momento, unos dientes afilados se clavaron en la garganta de Buck.
I samme øyeblikk gravde skarpe tenner seg inn i Bucks egen hals.
Spitz había atacado desde un costado, sin previo aviso.
Spitz hadde slått til fra siden og angrepet uten forvarsel.
Perrault y François habían derrotado a los perros robando la comida.
Perrault og François hadde beseiret hundene som stjal maten.
Ahora se apresuraron a ayudar a sus perros a luchar contra los atacantes.
Nå skyndte de seg for å hjelpe hundene sine med å slå tilbake angriperne.
Los perros hambrientos se retiraron mientras los hombres blandían sus garrotes.
De sultende hundene trakk seg tilbake mens mennene svingte køllene sine.
Buck se liberó del ataque, pero el escape fue breve.
Buck brøt seg løs fra angrepet, men flukten var kort.
Los hombres corrieron a salvar a sus perros, y los huskies volvieron a atacarlos.
Mennene løp for å redde hundene sine, og huskyene svermet igjen.
Billee, aterrorizado y valiente, saltó hacia la jauría de perros.
Billee, skremt til tapperhet, hoppet inn i hundeflokken.
Pero luego huyó a través del hielo, presa del terror y el pánico.
Men så flyktet han over isen, i rå redsel og panikk.
Pike y Dub los siguieron de cerca, corriendo para salvar sus vidas.
Pike og Dub fulgte tett etter og løp for livet.

El resto del equipo se separó y se dispersó, siguiéndolos.
Resten av laget brøt ut og spredte seg, og fulgte etter dem.
Buck reunió sus fuerzas para correr, pero entonces vio un destello.
Buck samlet krefter for å løpe, men så et glimt.
Spitz se abalanzó sobre el costado de Buck, intentando derribarlo al suelo.
Spitz kastet seg bort til Buck og prøvde å slå ham i bakken.
Bajo esa turba de perros esquimales, Buck no habría tenido escapatoria.
Under den flokken med huskyer ville Buck ikke hatt noen fluktmulighet.
Pero Buck se mantuvo firme y se preparó para el golpe de Spitz.
Men Buck sto urokkelig og forberedte seg på slaget fra Spitz.
Luego se dio la vuelta y salió corriendo al hielo con el equipo que huía.
Så snudde han seg og løp ut på isen med det flyktende teamet.

Más tarde, los nueve perros de trineo se reunieron al abrigo del bosque.
Senere samlet de ni sledehundene seg i ly av skogen.
Ya nadie los perseguía, pero estaban maltratados y heridos.
Ingen jaget dem lenger, men de ble forslått og såret.
Cada perro tenía heridas: cuatro o cinco cortes profundos en cada cuerpo.
Hver hund hadde sår; fire eller fem dype kutt på hver kropp.
Dub tenía una pata trasera herida y ahora le costaba caminar.
Dub hadde et skadet bakbein og slet med å gå nå.
Dolly, la perrita más nueva de Dyea, tenía la garganta cortada.
Dolly, den nyeste hunden fra Dyea, hadde en overskåret hals.
Joe había perdido un ojo y la oreja de Billee estaba cortada en pedazos.
Joe hadde mistet et øye, og Billees øre var kuttet i stykker.
Todos los perros lloraron de dolor y derrota durante toda la noche.

Alle hundene gråt av smerte og nederlag gjennom natten.
Al amanecer regresaron al campamento doloridos y destrozados.
Ved daggry krøp de tilbake til leiren, støle og ødelagte.
Los perros esquimales habían desaparecido, pero el daño ya estaba hecho.
Huskiene var forsvunnet, men skaden var skjedd.
Perrault y François estaban de mal humor ante las ruinas.
Perrault og François sto i dårlig humør over ruinene.
La mitad de la comida había desaparecido, robada por los ladrones hambrientos.
Halvparten av maten var borte, stjålet av de sultne tyvene.
Los perros esquimales habían destrozado las ataduras y la lona del trineo.
Huskiene hadde revet seg gjennom sledebindinger og kalesje.
Todo lo que tenía olor a comida había sido devorado por completo.
Alt som luktet av mat hadde blitt fullstendig fortært.
Se comieron un par de botas de viaje de piel de alce de Perrault.
De spiste et par av Perraults reisestøvler av elgskinn.
Masticaban correas de cuero y arruinaban las correas hasta dejarlas inservibles.
De tygde på lærreiser og ødela stropper som ikke kunne brukes.
François dejó de mirar el látigo roto para revisar a los perros.
François sluttet å stirre på den avrevne vippen for å sjekke hundene.
—Ah, amigos míos —dijo en voz baja y llena de preocupación.
«Å, mine venner», sa han med lav stemme og fylt av bekymring.
"Tal vez todas estas mordeduras os conviertan en bestias locas."
«Kanskje alle disse bittene vil gjøre dere til gale beist.»
—¡Quizás todos sean perros rabiosos, sacredam! ¿Qué opinas, Perrault?

«Kanskje alle gale hunder, hellige! Hva synes du, Perrault?»
Perrault meneó la cabeza; sus ojos estaban oscuros por la preocupación y el miedo.
Perrault ristet på hodet, øynene var mørke av bekymring og frykt.
Todavía había cuatrocientas millas entre ellos y Dawson.
Fire hundre mil lå fortsatt mellom dem og Dawson.
La locura canina ahora podría destruir cualquier posibilidad de supervivencia.
Hundegalskapen nå kan ødelegge enhver sjanse for å overleve.
Pasaron dos horas maldiciendo y tratando de arreglar el engranaje.
De brukte to timer på å banne og prøve å fikse utstyret.
El equipo herido finalmente abandonó el campamento, destrozado y derrotado.
Det sårede laget forlot endelig leiren, knust og beseiret.
Éste fue el camino más difícil hasta ahora y cada paso era doloroso.
Dette var den vanskeligste løypa hittil, og hvert skritt var smertefullt.
El río Treinta Millas no se había congelado y su caudal corría con fuerza.
Thirty Mile-elven hadde ikke frosset til frosset, og fosser vilt.
Sólo en los lugares tranquilos y en los remolinos el hielo logró retenerse.
Bare i rolige steder og virvlende strømvirvler klarte isen å holde seg.
Pasaron seis días de duro trabajo hasta recorrer las treinta millas.
Seks dager med hardt arbeid gikk før de tretti milene var unnagjort.
Cada kilómetro del camino traía consigo peligro y amenaza de muerte.
Hver kilometer av stien medførte fare og trussel om død.
Los hombres y los perros arriesgaban sus vidas con cada doloroso paso.

Mennene og hundene risikerte livet med hvert smertefulle skritt.

Perrault rompió delgados puentes de hielo una docena de veces diferentes.

Perrault brøt gjennom tynne isbroer et dusin forskjellige ganger.

Llevó un palo y lo dejó caer sobre el agujero que había hecho su cuerpo.

Han bar en stang og lot den falle over hullet kroppen hans laget.

Más de una vez ese palo salvó a Perrault de ahogarse.

Mer enn én gang reddet den stangen Perrault fra å drukne.

La ola de frío se mantuvo firme y el aire estaba a cincuenta grados bajo cero.

Kuldeperioden holdt seg fast, luften var femti minusgrader.

Cada vez que se caía, Perrault tenía que encender un fuego para sobrevivir.

Hver gang han falt i, måtte Perrault tenne et bål for å overleve.

La ropa mojada se congelaba rápidamente, por lo que la secaba cerca del calor abrasador.

Våte klær frøs fort, så han tørket dem i nærheten av brennende hete.

Ningún miedo afectó jamás a Perrault, y eso lo convirtió en mensajero.

Perrault var aldri fryktsom, og det gjorde ham til kurér.

Fue elegido para el peligro y lo afrontó con tranquila resolución.

Han ble valgt for fare, og han møtte den med stille besluttsomhet.

Avanzó contra el viento, con el rostro arrugado y congelado.

Han presset seg frem mot vinden, det innskrumpede ansiktet hans forfrosset.

Desde el amanecer hasta el anochecer, Perrault los condujo hacia adelante.

Fra svak daggry til nattesøvn ledet Perrault dem videre.

Caminó sobre un estrecho borde de hielo que se agrietaba con cada paso.

Han gikk på smal randis som sprakk for hvert skritt.
No se atrevieron a detenerse: cada pausa suponía el riesgo de un colapso mortal.
De turte ikke stoppe – hver pause risikerte et dødelig kollaps.
Una vez, el trineo se abrió paso y arrastró a Dave y Buck.
En gang brøt sleden gjennom og dro Dave og Buck inn.
Cuando los liberaron, ambos estaban casi congelados.
Da de ble dratt løs, var begge nesten forfrosne.
Los hombres hicieron un fuego rápidamente para mantener con vida a Buck y Dave.
Mennene tente raskt et bål for å holde Buck og Dave i live.
Los perros estaban cubiertos de hielo desde la nariz hasta la cola, rígidos como madera tallada.
Hundene var dekket av is fra snute til hale, stive som utskåret treverk.
Los hombres los hicieron correr en círculos cerca del fuego para descongelar sus cuerpos.
Mennene løp med dem i sirkler nær bålet for å tine kroppene deres.
Se acercaron tanto a las llamas que su pelaje se quemó.
De kom så nær flammene at pelsen deres ble svidd.
Luego Spitz rompió el hielo y arrastró al equipo detrás de él.
Deretter brøt Spitz gjennom isen og dro med seg spannet etter seg.
La ruptura llegó hasta donde Buck estaba tirando.
Bruddet nådde helt opp til der Buck dro.
Buck se reclinó con fuerza hacia atrás, sus patas resbalaron y temblaron en el borde.
Buck lente seg hardt tilbake, potene skled og skalv på kanten.
Dave también se esforzó hacia atrás, justo detrás de Buck en la línea.
Dave spente seg også bakover, rett bak Buck på linjen.
François tiró del trineo; sus músculos crujían por el esfuerzo.
François halte på sleden, musklene hans knaket av anstrengelse.
En otra ocasión, el borde del hielo se agrietó delante y detrás del trineo.

En annen gang sprakk randisen foran og bak sleden.
No tenían otra salida que escalar una pared del acantilado congelado.
De hadde ingen annen utvei enn å klatre opp en frossen klippevegg.
De alguna manera Perrault logró escalar el muro; un milagro lo mantuvo con vida.
Perrault klatret på en eller annen måte opp veggen; et mirakel holdt ham i live.
François se quedó abajo, rezando por tener la misma suerte.
François ble værende nedenfor og ba om den samme typen flaks.
Ataron todas las correas, amarres y tirantes hasta formar una cuerda larga.
De bandt sammen hver stropp, surring og skinne til ett langt tau.
Los hombres subieron cada perro, uno a uno, hasta la cima.
Mennene halte hver hund opp, én om gangen, til toppen.
François subió el último, después del trineo y toda la carga.
François klatret sist, etter sleden og hele lasten.
Entonces comenzó una larga búsqueda de un camino para bajar de los acantilados.
Så startet en lang leting etter en sti ned fra klippene.
Finalmente descendieron usando la misma cuerda que habían hecho.
De kom seg endelig ned med det samme tauet de hadde laget.
La noche cayó cuando regresaron al lecho del río, exhaustos y doloridos.
Natten falt på da de vendte tilbake til elveleiet, utmattede og støle.
El día completo les había proporcionado sólo un cuarto de milla de ganancia.
De hadde brukt en hel dag på å tilbakelegge bare en kvart mil.
Cuando llegaron a Hootalinqua, Buck estaba agotado.
Da de nådde Hootalinqua, var Buck utslitt.
Los demás perros sufrieron igual de mal las condiciones del sendero.

De andre hundene led like mye av forholdene på løypa.
Pero Perrault necesitaba recuperar tiempo y los presionaba cada día.
Men Perrault trengte å hente seg inn tid, og presset dem på hver dag.
El primer día viajaron treinta millas hasta Big Salmon.
Den første dagen reiste de tretti mil til Big Salmon.
Al día siguiente viajaron treinta y cinco millas hasta Little Salmon.
Neste dag reiste de 55 kilometer til Little Salmon.
Al tercer día avanzaron a través de cuarenta largas y heladas millas.
På den tredje dagen presset de seg gjennom førti lange, frosne mil.
Para entonces, se estaban acercando al asentamiento de Five Fingers.
Da nærmet de seg bosetningen Five Fingers.

Los pies de Buck eran más suaves que los duros pies de los huskies nativos.
Bucks føtter var mykere enn de harde føttene til innfødte huskyer.
Sus patas se habían vuelto tiernas a lo largo de muchas generaciones civilizadas.
Potene hans hadde blitt møre gjennom mange siviliserte generasjoner.
Hace mucho tiempo, sus antepasados habían sido domesticados por hombres del río o cazadores.
For lenge siden hadde forfedrene hans blitt temmet av elvemenn eller jegere.
Todos los días Buck cojeaba de dolor, caminando sobre sus patas doloridas y en carne viva.
Hver dag haltet Buck av smerter og gikk på såre, verkende poter.
En el campamento, Buck cayó como un cuerpo sin vida sobre la nieve.
I leiren falt Buck ned som en livløs skikkelse på snøen.

Aunque estaba hambriento, Buck no se levantó a comer su cena.
Selv om Buck var sulten, sto han ikke opp for å spise kveldsmåltidet.
François le trajo a Buck su ración, poniendo pescado junto a su hocico.
François brakte Buck rasjonen sin og la fisk ved mulen hans.
Cada noche, el conductor frotaba los pies de Buck durante media hora.
Hver natt gned sjåføren Bucks føtter i en halvtime.
François incluso cortó sus propios mocasines para hacer calzado para perros.
François klippet til og med opp sine egne mokkasiner for å lage hundesko.
Cuatro zapatos cálidos le dieron a Buck un gran y bienvenido alivio.
Fire varme sko ga Buck en stor og kjærkommen lettelse.
Una mañana, François olvidó los zapatos y Buck se negó a levantarse.
En morgen glemte François skoene, og Buck nektet å stå opp.
Buck yacía de espaldas, con los pies en el aire, agitándolos lastimeramente.
Buck lå på ryggen med føttene i været, og viftet ynkelig med dem.
Incluso Perrault sonrió al ver la dramática súplica de Buck.
Selv Perrault smilte bredt ved synet av Bucks dramatiske bønnfallelse.
Pronto los pies de Buck se endurecieron y los zapatos pudieron desecharse.
Snart ble Bucks føtter harde, og skoene kunne kastes.
En Pelly, durante el periodo de uso del arnés, Dolly emitió un aullido terrible.
Ved Pelly, under seletiden, slapp Dolly ut et forferdelig hyl.
El grito fue largo y lleno de locura, sacudiendo a todos los perros.
Ropet var langt og fylt av galskap, og rystet hver hund.
Cada perro se erizaba de miedo sin saber el motivo.

Hver hund vred seg i frykt uten å vite årsaken.
Dolly se volvió loca y se arrojó directamente hacia Buck.
Dolly hadde blitt gal og kastet seg rett mot Buck.
Buck nunca había visto la locura, pero el horror llenó su corazón.
Buck hadde aldri sett galskap, men redsel fylte hjertet hans.
Sin pensarlo, se dio la vuelta y huyó presa del pánico absoluto.
Uten å tenke seg om, snudde han seg og flyktet i full panikk.
Dolly lo persiguió con los ojos desorbitados y la saliva saliendo de sus mandíbulas.
Dolly jaget ham, med ville øyne, og spytt som flydde fra kjevene hennes.
Ella se mantuvo justo detrás de Buck, sin ganar terreno ni quedarse atrás.
Hun holdt seg rett bak Buck, uten å vinne inn og uten å falle tilbake.
Buck corrió a través del bosque, bajó por la isla y cruzó el hielo irregular.
Buck løp gjennom skogen, nedover øya, over taggete is.
Cruzó hacia una isla, luego hacia otra, dando la vuelta nuevamente hasta el río.
Han krysset til en øy, deretter en annen, og gikk i sirkel tilbake til elven.
Aún así Dolly lo persiguió, con su gruñido detrás de cada paso.
Dolly jaget ham fortsatt, knurringen hennes tett bak henne ved hvert skritt.
Buck podía oír su respiración y su rabia, aunque no se atrevía a mirar atrás.
Buck kunne høre pusten og raseriet hennes, selv om han ikke turte å se seg tilbake.
François gritó desde lejos y Buck se giró hacia la voz.
François ropte langveisfra, og Buck snudde seg mot stemmen.
Todavía jadeando en busca de aire, Buck pasó corriendo, poniendo toda su esperanza en François.

Fortsatt gispet etter luft løp Buck forbi og satte all sin lit til François.

El conductor del perro levantó un hacha y esperó mientras Buck pasaba volando.

Hundeføreren hevet en øks og ventet mens Buck fløy forbi.

El hacha cayó rápidamente y golpeó la cabeza de Dolly con una fuerza mortal.

Øksen falt raskt ned og traff Dollys hode med dødelig kraft.

Buck se desplomó cerca del trineo, jadeando e incapaz de moverse.

Buck kollapset nær sleden, hvesende i pusten og ute av stand til å røre seg.

Ese momento le dio a Spitz la oportunidad de golpear a un enemigo exhausto.

Det øyeblikket ga Spitz sjansen til å angripe en utmattet fiende.

Mordió a Buck dos veces, desgarrando la carne hasta el hueso blanco.

To ganger bet han Buck og rev kjøttet ned til det hvite beinet.

El látigo de François hizo chasquear el látigo y golpeó a Spitz con toda su fuerza y furia.

François' pisk sprakk og traff Spitz med full, voldsom kraft.

Buck observó con alegría cómo Spitz recibía la paliza más dura que había recibido hasta entonces.

Buck så med glede på mens Spitz fikk sin hardeste juling hittil.

"Es un demonio ese Spitz", murmuró Perrault para sí mismo.

«Han er en djevel, den Spitzen», mumlet Perrault dystert for seg selv.

"Algún día, ese maldito perro matará a Buck, lo juro".

«En dag snart vil den forbannede hunden drepe Buck – jeg sverger på det.»

—Ese Buck tiene dos demonios dentro —respondió François asintiendo.

«Den Buck har to djevler i seg», svarte François med et nikk.

"Cuando veo a Buck, sé que algo feroz le aguarda dentro".

«Når jeg ser på Buck, vet jeg at noe voldsomt venter i ham.»

"Un día se pondrá furioso y destrozará a Spitz".

«En dag blir han gal som ild og river Spitz i stykker.»
"Masticará a ese perro y lo escupirá en la nieve congelada".
«Han kommer til å tygge på hunden og spytte ham på den frosne snøen.»
"Estoy seguro de que lo sé en lo más profundo de mi ser".
«Javisst, jeg vet dette innerst inne.»

A partir de ese momento los dos perros quedaron en guerra.
Fra det øyeblikket og utover var de to hundene låst i en krig.
Spitz lideró al equipo y mantuvo el poder, pero Buck lo desafió.
Spitz ledet laget og hadde makten, men Buck utfordret det.
Spitz vio su rango amenazado por este extraño extraño de Southland.
Spitz så sin rang truet av denne merkelige fremmede fra Sørlandet.
Buck no se parecía a ningún otro perro sureño que Spitz hubiera conocido antes.
Buck var ulik noen annen sørstatshund Spitz hadde kjent før.
La mayoría de ellos fracasaron: eran demasiado débiles para sobrevivir al frío y al hambre.
De fleste av dem mislyktes – for svake til å overleve kulde og sult.
Murieron rápidamente bajo el trabajo, las heladas y el lento ardor del hambre.
De døde raskt under arbeid, frost og hungersnødens langsomme svirring.
Buck se destacó: cada día más fuerte, más inteligente y más salvaje.
Buck skilte seg ut – sterkere, smartere og villere for hver dag.
Prosperó a pesar de las dificultades y creció hasta alcanzar el nivel de los perros esquimales del norte.
Han trivdes med vanskeligheter og vokste opp til å matche de nordlige huskyene.
Buck tenía fuerza, habilidad salvaje y un instinto paciente y mortal.
Buck hadde styrke, vill dyktighet og et tålmodig, dødelig instinkt.

El hombre con el garrote había golpeado la temeridad de Buck.
Mannen med køllen hadde slått ut ubetenksomheten av Buck.
La furia ciega desapareció y fue reemplazada por una astucia silenciosa y control.
Blind raseri var borte, erstattet av stille list og kontroll.
Esperó, tranquilo y primario, observando el momento adecuado.
Han ventet, rolig og primal, og ventet på det rette øyeblikket.
Su lucha por el mando se hizo inevitable y clara.
Kampen deres om kommandoen ble uunngåelig og tydelig.
Buck deseaba el liderazgo porque su espíritu lo exigía.
Buck ønsket lederskap fordi hans ånd krevde det.
Lo impulsaba el extraño orgullo nacido del camino y del arnés.
Han ble drevet av den merkelige stoltheten født av sti og seletøy.
Ese orgullo hizo que los perros tiraran hasta caer sobre la nieve.
Den stoltheten fikk hunder til å dra til de kollapset i snøen.
El orgullo los llevó a dar toda la fuerza que tenían.
Stolthet lokket dem til å gi all den styrken de hadde.
El orgullo puede atraer a un perro de trineo incluso hasta el punto de la muerte.
Stolthet kan lokke en sledehund til og med døden.
La pérdida del arnés dejó a los perros rotos y sin propósito.
Å miste selen gjorde at hundene ble ødelagte og uten mening.
El corazón de un perro de trineo puede quedar aplastado por la vergüenza cuando se retira.
En sledehunds hjerte kan bli knust av skam når den pensjonerer seg.
Dave vivió con ese orgullo mientras arrastraba el trineo desde atrás.
Dave levde av den stoltheten mens han dro sleden bakfra.
Solleks también lo dio todo con fuerza y lealtad.
Solleks ga også alt med dyster styrke og lojalitet.

Cada mañana, el orgullo los transformaba de amargados a decididos.
Hver morgen forvandlet stoltheten dem fra bitre til besluttsomme.
Empujaron todo el día y luego se quedaron en silencio al final del campamento.
De presset på hele dagen, før de ble stille ved enden av leiren.
Ese orgullo le dio a Spitz la fuerza para poner a raya a los evasores.
Den stoltheten ga Spitz styrken til å komme før sherkers inn i rekken.
Spitz temía a Buck porque Buck tenía ese mismo orgullo profundo.
Spitz fryktet Buck fordi Buck bar den samme dype stoltheten.
El orgullo de Buck ahora se agitó contra Spitz, y no se detuvo.
Bucks stolthet rørte seg nå mot Spitz, og han stoppet ikke.
Buck desafió el poder de Spitz y le impidió castigar a los perros.
Buck trosset Spitz' makt og hindret ham i å straffe hunder.
Cuando otros fallaron, Buck se interpuso entre ellos y su líder.
Da andre mislyktes, stilte Buck seg mellom dem og lederen deres.
Lo hizo con intención, dejando claro y abierto su desafío.
Han gjorde dette med hensikt, og gjorde utfordringen sin åpen og tydelig.
Una noche, una fuerte nevada cubrió el mundo con un profundo silencio.
En natt la tung snøfall dyp stillhet over verden.
A la mañana siguiente, Pike, perezoso como siempre, no se levantó para ir a trabajar.
Neste morgen sto ikke Pike opp for å gå på jobb, lat som alltid.
Se quedó escondido en su nido bajo una gruesa capa de nieve.
Han holdt seg gjemt i reiret sitt under et tykt lag med snø.
François gritó y buscó, pero no pudo encontrar al perro.

François ropte og lette, men fant ikke hunden.
Spitz se puso furioso y atravesó furioso el campamento cubierto de nieve.
Spitz ble rasende og stormet gjennom den snødekte leiren.
Gruñó y olfateó, cavando frenéticamente con ojos llameantes.
Han knurret og snufset, og gravde som vanvittig med flammende øyne.
Su rabia era tan feroz que Pike tembló de miedo bajo la nieve.
Raseriet hans var så voldsomt at Pike skalv under snøen av frykt.
Cuando finalmente encontraron a Pike, Spitz se abalanzó sobre él para castigar al perro que estaba escondido.
Da Pike endelig ble funnet, kastet Spitz seg ut for å straffe hunden som hadde gjemt seg.
Pero Buck saltó entre ellos con una furia igual a la de Spitz.
Men Buck sprang mellom dem med et raseri likt Spitz' eget.
El ataque fue tan repentino e inteligente que Spitz cayó al suelo.
Angrepet var så plutselig og smart at Spitz falt av beina.
Pike, que estaba temblando, se animó ante este desafío.
Pike, som hadde skjelvet, tok mot til seg etter denne trassen.
Saltó sobre el Spitz caído, siguiendo el audaz ejemplo de Buck.
Han hoppet på den falne Spitzen, og fulgte Bucks dristige eksempel.
Buck, que ya no estaba obligado por la justicia, se unió a la huelga de Spitz.
Buck, ikke lenger bundet av rettferdighet, sluttet seg til streiken på Spitz.
François, divertido pero firme en su disciplina, blandió su pesado látigo.
François, underholdt, men likevel disiplinert, svingte sin tunge piskeslag.
Golpeó a Buck con todas sus fuerzas para acabar con la pelea.

Han slo Buck med all sin kraft for å avbryte kampen.
Buck se negó a moverse y se quedó encima del líder caído.
Buck nektet å røre seg og ble værende oppå den falne lederen.
François entonces utilizó el mango del látigo y golpeó con fuerza a Buck.
François brukte deretter piskens håndtak og slo Buck hardt.
Tambaleándose por el golpe, Buck cayó hacia atrás bajo el asalto.
Buck sjanglet etter slaget og falt bakover under angrepet.
François golpeó una y otra vez mientras Spitz castigaba a Pike.
François slo til igjen og igjen mens Spitz straffet Pike.

Pasaron los días y Dawson City estaba cada vez más cerca.
Dagene gikk, og Dawson City kom nærmere og nærmere.
Buck seguía interfiriendo, interponiéndose entre Spitz y otros perros.
Buck fortsatte å blande seg inn og gled mellom Spitz og de andre hundene.
Elegía bien sus momentos, esperando siempre que François se marchase.
Han valgte øyeblikkene sine med omhu, og ventet alltid på at François skulle dra.
La rebelión silenciosa de Buck se extendió y el desorden se arraigó en el equipo.
Bucks stille opprør spredte seg, og uorden slo rot i laget.
Dave y Solleks se mantuvieron leales, pero otros se volvieron rebeldes.
Dave og Solleks forble lojale, men andre ble uregjerlige.
El equipo empeoró: se volvió inquieto, pendenciero y fuera de lugar.
Laget ble verre – rastløst, kranglete og ute av spill.
Ya nada funcionaba con fluidez y las peleas se volvieron algo habitual.
Ingenting fungerte knirkefritt lenger, og slåsskamper ble vanlige.

Buck permaneció en el corazón del problema, provocando siempre malestar.
Buck forble i kjernen av uroen og provoserte alltid frem uro.
François se mantuvo alerta, temeroso de la pelea entre Buck y Spitz.
François forble våken, redd for kampen mellom Buck og Spitz.
Cada noche, las peleas lo despertaban, temiendo que finalmente llegara el comienzo.
Hver natt vekket han håndgemyr, i frykt for at begynnelsen endelig var kommet.
Saltó de su túnica, dispuesto a detener la pelea.
Han sprang av kappen sin, klar til å avbryte kampen.
Pero el momento nunca llegó y finalmente llegaron a Dawson.
Men øyeblikket kom aldri, og de nådde endelig Dawson.
El equipo entró en la ciudad una tarde sombría, tensa y silenciosa.
Teamet kom inn i byen en trist ettermiddag, anspent og stille.
La gran batalla por el liderazgo todavía estaba suspendida en el aire.
Den store kampen om lederskapet hang fortsatt i den frosne luften.
Dawson estaba lleno de hombres y perros de trineo, todos ocupados con el trabajo.
Dawson var full av menn og sledehunder, alle travelt opptatt med arbeid.
Buck observó a los perros tirar cargas desde la mañana hasta la noche.
Buck så på hundene mens de dro lass fra morgen til kveld.
Transportaban troncos y leña y transportaban suministros a las minas.
De fraktet tømmer og ved, og fraktet forsyninger til gruvene.
Donde antes trabajaban los caballos en las tierras del sur, ahora trabajaban los perros.
Der hester en gang arbeidet i Sørlandet, arbeidet nå hunder.
Buck vio algunos perros del sur, pero la mayoría eran huskies parecidos a lobos.

Buck så noen hunder fra sør, men de fleste var ulvelignende huskyer.
Por la noche, como un reloj, los perros alzaban sus voces cantando.
Om natten, som et urverk, hevet hundene stemmene sine i sang.
A las nueve, a las doce y de nuevo a las tres, empezó el canto.
Klokken ni, ved midnatt og igjen klokken tre begynte allsangen.
A Buck le encantaba unirse a su canto misterioso, de sonido salvaje y antiguo.
Buck elsket å bli med på den uhyggelige sangen deres, vill og eldgammel i klang.
La aurora llameó, las estrellas bailaron y la nieve cubrió la tierra.
Nordlyset flammet, stjernene danset, og snø dekket landet.
El canto de los perros se elevó como un grito contra el silencio y el frío intenso.
Hundesangen steg som et rop mot stillhet og bitende kulde.
Pero su aullido contenía tristeza, no desafío, en cada larga nota.
Men ulingen deres inneholdt sorg, ikke trass, i hver lange tone.
Cada grito lamentable estaba lleno de súplica: el peso de la vida misma.
Hvert klagende rop var fullt av bønnfallelse; selve livets byrde.
Esa canción era vieja, más vieja que las ciudades y más vieja que los incendios.
Den sangen var gammel – eldre enn byer, og eldre enn branner
Aquella canción era más antigua incluso que las voces de los hombres.
Den sangen var eldre enn menneskestemmer.
Era una canción del mundo joven, cuando todas las canciones eran tristes.
Det var en sang fra den unge verden, da alle sanger var triste.

La canción transportaba el dolor de incontables generaciones de perros.
Sangen bar med seg sorg fra utallige generasjoner av hunder.
Buck sintió la melodía profundamente, gimiendo por un dolor arraigado en los siglos.
Buck kjente melodien dypt, stønnet av smerte forankret i tiden.
Sollozaba por un dolor tan antiguo como la sangre salvaje en sus venas.
Han hulket av en sorg like gammel som det ville blodet i årene hans.
El frío, la oscuridad y el misterio tocaron el alma de Buck.
Kulden, mørket og mystikken berørte Bucks sjel.
Esa canción demostró hasta qué punto Buck había regresado a sus orígenes.
Den sangen beviste hvor langt Buck hadde vendt tilbake til sine opprinnelser.
Entre la nieve y los aullidos había encontrado el comienzo de su propia vida.
Gjennom snø og hyl hadde han funnet starten på sitt eget liv.

Siete días después de llegar a Dawson, partieron nuevamente.
Syv dager etter ankomsten til Dawson dro de av gårde igjen.
El equipo descendió del cuartel hasta el sendero Yukon.
Laget dro fra brakkene ned til Yukon Trail.
Comenzaron el viaje de regreso hacia Dyea y Salt Water.
De begynte reisen tilbake mot Dyea og Salt Water.
Perrault llevaba despachos aún más urgentes que antes.
Perrault hadde med seg meldinger som var enda mer presserende enn før.
También se sintió dominado por el orgullo por el sendero y se propuso establecer un récord.
Han ble også grepet av løypestolthet og siktet mot å sette rekord.
Esta vez, varias ventajas estaban del lado de Perrault.
Denne gangen var flere fordeler på Perraults side.

Los perros habían descansado durante una semana entera y recuperaron su fuerza.
Hundene hadde hvilt i en hel uke og gjenvunnet kreftene.
El camino que ellos habían abierto ahora estaba compactado por otros.
Sporet de hadde brutt var nå hardt pakket av andre.
En algunos lugares, la policía había almacenado comida tanto para perros como para hombres.
Noen steder hadde politiet lagret mat til både hunder og menn.
Perrault viajaba ligero, moviéndose rápido y con poco que lo pesara.
Perrault reiste lett, beveget seg raskt med lite som tynget ham ned.
Llegaron a Sixty-Mile, un recorrido de cincuenta millas, en la primera noche.
De nådde Sixty-Mile, en løpetur på åtte kilometer, allerede den første natten.
El segundo día, se apresuraron a subir por el Yukón hacia Pelly.
Den andre dagen stormet de opp Yukon mot Pelly.
Pero estos grandes avances implicaron un gran esfuerzo para François.
Men slike fine fremskritt kom med store belastninger for François.
La rebelión silenciosa de Buck había destrozado la disciplina del equipo.
Bucks stille opprør hadde knust lagets disiplin.
Ya no tiraban juntos como una sola bestia bajo las riendas.
De trakk ikke lenger sammen som ett dyr i tømmene.
Buck había llevado a otros al desafío mediante su valiente ejemplo.
Buck hadde ledet andre til trass gjennom sitt modige eksempel.
La orden de Spitz ya no fue recibida con miedo ni respeto.
Spitz' kommando ble ikke lenger møtt med frykt eller respekt.

Los demás perdieron el respeto que le tenían y se atrevieron a resistirse a su gobierno.
De andre mistet ærefrykten for ham og turte å motstå hans styre.
Una noche, Pike robó medio pescado y se lo comió bajo la mirada de Buck.
En natt stjal Pike en halv fisk og spiste den rett foran Bucks øyne.
Otra noche, Dub y Joe pelearon contra Spitz y quedaron impunes.
En annen natt kjempet Dub og Joe mot Spitz og gikk ustraffet.
Incluso Billee se quejó con menos dulzura y mostró una nueva agudeza.
Selv Billee klynket mindre søtt og viste ny skarphet.
Buck le gruñó a Spitz cada vez que se cruzaban.
Buck glefset til Spitz hver gang de krysset veier.
La actitud de Buck se volvió audaz y amenazante, casi como la de un matón.
Bucks holdning ble dristig og truende, nesten som en bølle.
Caminó delante de Spitz con arrogancia, lleno de amenaza burlona.
Han gikk frem og tilbake foran Spitz med en bravur, full av hånlig trussel.
Ese colapso del orden se extendió también entre los perros de trineo.
Det ordensbruddet spredte seg også blant sledehundene.
Pelearon y discutieron más que nunca, llenando el campamento de ruido.
De sloss og kranglet mer enn noensinne, og fylte leiren med støy.
La vida en el campamento se convertía cada noche en un caos salvaje y aullante.
Leirlivet forvandlet seg til et vilt, hylende kaos hver natt.
Sólo Dave y Solleks permanecieron firmes y concentrados.
Bare Dave og Solleks forble stødige og fokuserte.
Pero incluso ellos se enojaron por las peleas constantes.
Men selv de ble kort lunte av de konstante slåsskampene.

François maldijo en lenguas extrañas y pisoteó con frustración.
François bannet på fremmede språk og trampet i frustrasjon.
Se tiró del pelo y gritó mientras la nieve volaba bajo sus pies.
Han rev seg i håret og ropte mens snøen fløy under føttene.
Su látigo azotó a la manada, pero apenas logró mantenerlos bajo control.
Pisken hans smell over flokken, men holdt dem så vidt på linje.
Cada vez que él le daba la espalda, la lucha estallaba de nuevo.
Hver gang han ble vendt ryggen til, brøt kampene ut igjen.
François utilizó el látigo para azotar a Spitz, mientras Buck lideraba a los rebeldes.
François brukte piskeslaget for Spitz, mens Buck ledet opprørerne.
Cada uno conocía el papel del otro, pero Buck evitó cualquier culpa.
Begge visste hva den andres rolle var, men Buck unngikk enhver skyld.
François nunca sorprendió a Buck iniciando una pelea o eludiendo su trabajo.
François tok aldri Buck på fersken i å starte en slåsskamp eller unnlate jobben sin.
Buck trabajó duro con el arnés; el trabajo ahora emocionaba su espíritu.
Buck jobbet hardt i seletøy – slitet begeistret nå humøret hans.
Pero encontró aún más alegría al provocar peleas y caos en el campamento.
Men han fant enda større glede i å skape slåsskamper og kaos i leiren.

Una noche, en la desembocadura del Tahkeena, Dub asustó a un conejo.
En kveld ved Tahkeenas munn skremte Dub en kanin.
Falló el tiro y el conejo con raquetas de nieve saltó lejos.

Han bommet på fangsten, og trugekaninen sprang av gårde.
En cuestión de segundos, todo el equipo de trineo los persiguió con gritos salvajes.
I løpet av sekunder satte hele sledeteamet i gang jakten med ville rop.
Cerca de allí, un campamento de la Policía del Noroeste albergaba cincuenta perros husky.
I nærheten huset en politileir for det nordvestlige politiet femti huskyhunder.
Se unieron a la caza y navegaron juntos por el río helado.
De ble med på jakten, og strømmet nedover den frosne elven sammen.
El conejo se desvió del río y huyó hacia el lecho congelado del arroyo.
Kaninen svingte av elven og flyktet opp et frossent bekkeleie.
El conejo saltaba suavemente sobre la nieve mientras los perros se abrían paso con dificultad.
Kaninen hoppet lett over snøen mens hundene kjempet seg gjennom.
Buck lideró la enorme manada de sesenta perros en cada curva.
Buck ledet den enorme flokken på seksti hunder rundt hver sving.
Avanzó lentamente y con entusiasmo, pero no pudo ganar terreno.
Han presset seg fremover, lavt og ivrig, men klarte ikke å vinne terreng.
Su cuerpo brillaba bajo la pálida luna con cada poderoso salto.
Kroppen hans glimtet under den bleke månen for hvert kraftige sprang.
Más adelante, el conejo se movía como un fantasma, silencioso y demasiado rápido para atraparlo.
Foran beveget kaninen seg som et spøkelse, stille og for rask til å fange den igjen.
Todos esos viejos instintos —el hambre, la emoción— se apoderaron de Buck.

Alle de gamle instinktene – sulten, spenningen – strømmet gjennom Buck.

Los humanos a veces sienten este instinto y se ven impulsados a cazar con armas de fuego y balas.

Mennesker føler dette instinktet til tider, drevet til å jakte med gevær og kule.

Pero Buck sintió este sentimiento a un nivel más profundo y personal.

Men Buck følte denne følelsen på et dypere og mer personlig nivå.

No podían sentir lo salvaje en su sangre como Buck podía sentirlo.

De kunne ikke føle villmarken i blodet sitt slik Buck kunne føle den.

Persiguió carne viva, dispuesto a matar con los dientes y saborear la sangre.

Han jaget levende kjøtt, klar til å drepe med tennene og smake blod.

Su cuerpo se tensó de alegría, queriendo bañarse en la cálida vida roja.

Kroppen hans anstrengte seg av glede, og ville bade i varmt, rødt liv.

Una extraña alegría marca el punto más alto que la vida puede alcanzar.

En merkelig glede markerer det høyeste punktet livet noen gang kan nå.

La sensación de una cima donde los vivos olvidan que están vivos.

Følelsen av en topp der de levende glemmer at de i det hele tatt lever.

Esta alegría profunda conmueve al artista perdido en una inspiración ardiente.

Denne dype gleden berører kunstneren som er fortapt i flammende inspirasjon.

Esta alegría se apodera del soldado que lucha salvajemente y no perdona a ningún enemigo.

Denne gleden griper soldaten som kjemper vilt og ikke skåner noen fiende.
Esta alegría ahora se apoderó de Buck mientras lideraba la manada con hambre primaria.
Denne gleden krevde nå Buck idet han ledet flokken i ursult.
Aulló con el antiguo grito del lobo, emocionado por la persecución en vida.
Han hylte med det eldgamle ulveskriket, begeistret av den levende jakten.
Buck recurrió a la parte más antigua de sí mismo, perdida en la naturaleza.
Buck tappet inn i den eldste delen av seg selv, fortapt i naturen.
Llegó a lo más profundo, más allá de la memoria, al tiempo crudo y antiguo.
Han nådde dypt inn i sitt indre, i tidligere minner, inn i rå, eldgammel tid.
Una ola de vida pura recorrió cada músculo y tendón.
En bølge av rent liv strømmet gjennom hver muskel og sene.
Cada salto gritaba que vivía, que avanzaba a través de la muerte.
Hvert sprang ropte at han levde, at han beveget seg gjennom døden.
Su cuerpo se elevaba alegremente sobre una tierra quieta y fría que nunca se movía.
Kroppen hans svevde gledesfylt over stille, kaldt land som aldri rørte seg.
Spitz se mantuvo frío y astuto, incluso en sus momentos más salvajes.
Spitz forble kald og utspekulert, selv i sine villeste øyeblikk.
Dejó el sendero y cruzó el terreno donde el arroyo se curvaba ampliamente.
Han forlot stien og krysset land der bekken svingte bredt.
Buck, sin darse cuenta de esto, permaneció en el sinuoso camino del conejo.
Buck, uvitende om dette, holdt seg på kaninens svingete sti.

Entonces, cuando Buck dobló una curva, el conejo fantasmal estaba frente a él.
Så, idet Buck rundet en sving, var den spøkelseslignende kaninen foran ham.
Vio una segunda figura saltar desde la orilla delante de la presa.
Han så en annen skikkelse hoppe fra bredden foran byttet.
La figura era Spitz, aterrizando justo en el camino del conejo que huía.
Skikkelsen var Spitz, som landet rett i veien for den flyktende kaninen.
El conejo no pudo girar y se encontró con las fauces de Spitz en el aire.
Kaninen kunne ikke snu seg og møtte Spitz' kjever i luften.
La columna vertebral del conejo se rompió con un chillido tan agudo como el grito de un humano moribundo.
Kaninens ryggrad brakk med et skrik like skarpt som et døende menneskes skrik.
Ante ese sonido, la caída de la vida a la muerte, la manada aulló fuerte.
Ved den lyden – fallet fra liv til død – hylte flokken høyt.
Un coro salvaje se elevó detrás de Buck, lleno de oscuro deleite.
Et vilt kor steg opp bak Buck, fullt av mørk glede.
Buck no emitió ningún grito ni sonido y se lanzó directamente hacia Spitz.
Buck skrek ikke, ingen lyd, og stormet rett inn i Spitz.
Apuntó a la garganta, pero en lugar de eso golpeó el hombro.
Han siktet mot strupen, men traff skulderen i stedet.
Cayeron sobre la nieve blanda; sus cuerpos trabados en combate.
De tumlet gjennom myk snø; kroppene deres var låst i kamp.
Spitz se levantó rápidamente, como si nunca lo hubieran derribado.
Spitz spratt raskt opp, som om han aldri var blitt slått ned.
Cortó el hombro de Buck y luego saltó para alejarse de la pelea.

Han skar Buck i skulderen, og sprang deretter unna kampen.
Sus dientes chasquearon dos veces como trampas de acero y sus labios se curvaron y fueron feroces.
To ganger knakk tennene hans som stålfeller, leppene krøllet seg sammen og var vilde.
Retrocedió lentamente, buscando terreno firme bajo sus pies.
Han rygget sakte unna og lette etter fast grunn under føttene.
Buck comprendió el momento instantánea y completamente.
Buck forsto øyeblikket umiddelbart og fullt ut.
Había llegado el momento; la lucha iba a ser una lucha a muerte.
Tiden var inne; kampen skulle bli en kamp til døden.
Los dos perros daban vueltas, gruñendo, con las orejas planas y los ojos entrecerrados.
De to hundene gikk i sirkler, knurrende, med flate ører og smale øyne.
Cada perro esperaba que el otro mostrara debilidad o un paso en falso.
Hver hund ventet på at den andre skulle vise svakhet eller feiltrinn.
Para Buck, la escena era inquietantemente conocida y recordada profundamente.
For Buck føltes scenen uhyggelig kjent og dypt husket.
El bosque blanco, la tierra fría, la batalla bajo la luz de la luna.
De hvite skogene, den kalde jorden, kampen under måneskinnet.
Un pesado silencio llenó la tierra, profundo y antinatural.
En tung stillhet fylte landet, dyp og unaturlig.
Ningún viento se agitó, ninguna hoja se movió, ningún sonido rompió la quietud.
Ingen vind rørte seg, intet blad beveget seg, ingen lyd brøt stillheten.
El aliento de los perros se elevaba como humo en el aire helado y silencioso.
Hundenes pust steg opp som røyk i den frosne, stille luften.

El conejo fue olvidado hace mucho tiempo por la manada de bestias salvajes.
Kaninen var for lengst glemt av flokken med ville dyr.
Estos lobos medio domesticados ahora permanecían quietos formando un amplio círculo.
Disse halvtemmede ulvene sto nå stille i en vid sirkel.
Estaban en silencio, sólo sus ojos brillantes revelaban su hambre.
De var stille, bare de glødende øynene deres avslørte sulten.
Su respiración se elevó mientras observaban cómo comenzaba la pelea final.
Pusten deres steg, mens de så den siste kampen begynne.
Para Buck, esta batalla era vieja y esperada, nada extraña.
For Buck var dette slaget gammelt og forventet, slett ikke merkelig.
Parecía el recuerdo de algo que siempre estuvo destinado a suceder.
Det føltes som et minne om noe som alltid var ment å skje.
Spitz era un perro de pelea entrenado, perfeccionado por innumerables peleas salvajes.
Spitz var en trent kamphund, finslipt av utallige ville slåsskamper.
Desde Spitzbergen hasta Canadá, había vencido a muchos enemigos.
Fra Spitsbergen til Canada hadde han mestret mange fiender.
Estaba lleno de furia, pero nunca dejó controlar la rabia.
Han var fylt av raseri, men ga aldri kontroll over raseriet.
Su pasión era aguda, pero siempre templada por un duro instinto.
Lidenskapen hans var skarp, men alltid dempet av hardt instinkt.
Nunca atacó hasta que su propia defensa estuvo en su lugar.
Han angrep aldri før hans eget forsvar var på plass.
Buck intentó una y otra vez alcanzar el vulnerable cuello de Spitz.
Buck prøvde igjen og igjen å nå Spitz' sårbare nakke.

Pero cada golpe era correspondido con un corte de los afilados dientes de Spitz.
Men hvert slag ble møtt av et hugg fra Spitz' skarpe tenner.
Sus colmillos chocaron y ambos perros sangraron por los labios desgarrados.
Hoggtennene deres brøt sammen, og begge hundene blødde fra avrevne lepper.
No importaba cuánto se lanzara Buck, no podía romper la defensa.
Uansett hvor mye Buck kastet seg frem, klarte han ikke å bryte gjennom forsvaret.
Se puso más furioso y se abalanzó con salvajes ráfagas de poder.
Han ble mer rasende og stormet inn med ville maktutbrudd.
Una y otra vez, Buck atacó la garganta blanca de Spitz.
Igjen og igjen slo Buck etter Spitz' hvite strupe.
Cada vez que Spitz esquivaba el ataque, contraatacaba con un mordisco cortante.
Hver gang unngikk Spitz og slo tilbake med et skjærende bitt.
Entonces Buck cambió de táctica y se abalanzó nuevamente hacia la garganta.
Så endret Buck taktikk og løp som om han ville strupe den igjen.
Pero él retrocedió a mitad del ataque y se giró para atacar desde un costado.
Men han trakk seg tilbake midt i angrepet og snudde seg for å angripe fra siden.
Le lanzó el hombro a Spitz con la intención de derribarlo.
Han kastet skulderen inn i Spitz i sikte på å slå ham ned.
Cada vez que lo intentaba, Spitz lo esquivaba y contraatacaba con un corte.
Hver gang han prøvde, unngikk Spitz og kontret med et hugg.
El hombro de Buck se enrojeció cuando Spitz saltó después de cada golpe.
Bucks skulder ble sår da Spitz hoppet unna etter hvert treff.
Spitz no había sido tocado, mientras que Buck sangraba por muchas heridas.

Spitz hadde ikke blitt rørt, mens Buck blødde fra mange sår.
La respiración de Buck era rápida y pesada y su cuerpo estaba cubierto de sangre.
Bucks pust kom raskt og tungt, kroppen hans glatt av blod.
La pelea se volvió más brutal con cada mordisco y embestida.
Kampen ble mer brutal for hvert bitt og angrep.
A su alrededor, sesenta perros silenciosos esperaban que cayera el primero.
Rundt dem ventet seksti stille hunder på at de første skulle falle.
Si un perro caía, la manada terminaría la pelea.
Hvis én hund falt, ville flokken avslutte kampen.
Spitz vio que Buck se estaba debilitando y comenzó a presionar para atacar.
Spitz så at Buck svekkes, og begynte å presse på.
Mantuvo a Buck fuera de equilibrio, obligándolo a luchar para mantener el equilibrio.
Han holdt Buck ut av balanse, og tvang ham til å kjempe for å få fotfeste.
Una vez Buck tropezó y cayó, y todos los perros se levantaron.
En gang snublet Buck og falt, og alle hundene reiste seg opp.
Pero Buck se enderezó a mitad de la caída y todos volvieron a caer.
Men Buck rettet seg opp midt i fallet, og alle sank ned igjen.
Buck tenía algo poco común: una imaginación nacida de un instinto profundo.
Buck hadde noe sjeldent – fantasi født av dype instinkter.
Peleó con impulso natural, pero también peleó con astucia.
Han kjempet av naturlig drivkraft, men han kjempet også med list.
Cargó de nuevo como si repitiera su truco de ataque con el hombro.
Han stormet igjen som om han gjentok skulderangrepstrikset sitt.

Pero en el último segundo, se agachó y pasó por debajo de Spitz.
Men i siste sekund falt han lavt og feide under Spitz.
Sus dientes se clavaron en la pata delantera izquierda de Spitz con un chasquido.
Tennene hans låste seg fast på Spitz' venstre forbein med et smell.
Spitz ahora estaba inestable, con su peso sobre sólo tres patas.
Spitz sto nå ustø, med vekten sin på bare tre bein.
Buck atacó de nuevo e intentó derribarlo tres veces.
Buck slo til igjen og prøvde tre ganger å felle ham.
En el cuarto intento utilizó el mismo movimiento con éxito.
På fjerde forsøk brukte han samme bevegelse med hell
Esta vez Buck logró morder la pata derecha de Spitz.
Denne gangen klarte Buck å bite Spitz i høyrebeinet.
Spitz, aunque lisiado y en agonía, siguió luchando por sobrevivir.
Spitz, selv om han var forkrøplet og i smerte, fortsatte å kjempe for å overleve.
Vio que el círculo de huskies se estrechaba, con las lenguas afuera y los ojos brillantes.
Han så sirkelen av huskyer tette seg sammen, med tunger ute og øyne som glødet.
Esperaron para devorarlo, tal como habían hecho con los otros.
De ventet på å sluke ham, akkurat som de hadde gjort med andre.
Esta vez, él estaba en el centro; derrotado y condenado.
Denne gangen sto han i sentrum; beseiret og dømt.
Ya no había opción de escapar para el perro blanco.
Den hvite hunden hadde ingen mulighet til å flykte nå.
Buck no mostró piedad, porque la piedad no pertenecía a la naturaleza.
Buck viste ingen nåde, for nåde hørte ikke hjemme i villmarken.

Buck se movió con cuidado, preparándose para la carga final.
Buck beveget seg forsiktig og gjorde seg klar til det siste angrepet.
El círculo de perros esquimales se cerró; sintió sus respiraciones cálidas.
Sirkelen av huskyer lukket seg om hverandre; han kjente de varme pustene deres.
Se agacharon, preparados para saltar cuando llegara el momento.
De bøyde seg ned, klare til å sprette når øyeblikket kom.
Spitz temblaba en la nieve, gruñendo y cambiando su postura.
Spitz skalv i snøen, knurret og endret stilling.
Sus ojos brillaban, sus labios se curvaron y sus dientes brillaron en una amenaza desesperada.
Øynene hans strålte, leppene hans krøllet seg sammen, tennene glitret i desperat trussel.
Se tambaleó, todavía intentando contener el frío mordisco de la muerte.
Han sjanglet, fortsatt i et forsøk på å holde dødens kalde bitt tilbake.
Ya había visto esto antes, pero siempre desde el lado ganador.
Han hadde sett dette før, men alltid fra vinnersiden.
Ahora estaba en el bando perdedor; el derrotado; la presa; la muerte.
Nå var han på den tapende siden; den beseirede; byttet; døden.
Buck voló en círculos para asestar el golpe final, mientras el círculo de perros se acercaba cada vez más.
Buck sirklet for å gi det siste slaget, hunderingen presset seg tettere.
Podía sentir sus respiraciones calientes; listas para matar.
Han kunne føle de varme pustene deres; klare til å bli drept.
Se hizo un silencio absoluto, todo estaba en su lugar, el tiempo se había detenido.

Det ble stillt; alt var på sin plass; tiden hadde stoppet.
Incluso el aire frío entre ellos se congeló por un último momento.
Selv den kalde luften mellom dem frøs til et siste øyeblikk.
Sólo Spitz se movió, intentando contener su amargo final.
Bare Spitz rørte seg og prøvde å holde den bitre enden tilbake.
El círculo de perros se iba cerrando a su alrededor, tal como era su destino.
Sirkelen av hunder lukket seg rundt ham, i likhet med hans skjebne.
Ahora estaba desesperado, sabiendo lo que estaba a punto de suceder.
Han var desperat nå, vel vitende om hva som skulle skje.
Buck saltó y hombro con hombro chocó una última vez.
Buck sprang inn, skulder møtte skulder en siste gang.
Los perros se lanzaron hacia adelante, cubriendo a Spitz en la oscuridad nevada.
Hundene stormet fremover og dekket Spitz i det snødekte mørket.
Buck observaba, erguido, vencedor en un mundo salvaje.
Buck så på, stående rakrygget; seierherren i en vill verden.
La bestia primordial dominante había cometido su asesinato, y fue bueno.
Det dominerende urbeistet hadde gjort sitt bytte, og det var bra.

Aquel que ha alcanzado la maestría
Han som har vunnet mesterskapet

¿Eh? ¿Qué dije? Digo la verdad cuando digo que Buck es un demonio.
«Eh? Hva sa jeg? Jeg snakker sant når jeg sier at Buck er en djevel.»
François dijo esto a la mañana siguiente después de descubrir que Spitz había desaparecido.
François sa dette neste morgen etter at han fant Spitz savnet.
Buck permaneció allí, cubierto de heridas por la feroz pelea.
Buck sto der, dekket av sår etter den voldsomme kampen.
François acercó a Buck al fuego y señaló las heridas.
François dro Buck bort til bålet og pekte på skadene.
"Ese Spitz peleó como Devik", dijo Perrault, mirando los profundos cortes.
«Den Spitzen kjempet som Deviken,» sa Perrault, mens han kikket på de dype sårene.
—Y ese Buck peleó como dos demonios —respondió François inmediatamente.
«Og at Buck kjempet som to djevler,» svarte François med en gang.
"Ahora iremos a buen ritmo; no más Spitz, no más problemas".
«Nå skal vi ha det bra; ikke mer Spitz, ikke mer bråk.»
Perrault estaba empacando el equipo y cargando el trineo con cuidado.
Perrault pakket utstyret og lastet sleden med forsiktighet.
François enjaezó a los perros para prepararlos para la carrera del día.
François selet hundene som forberedelse til dagens løpetur.
Buck trotó directamente a la posición de liderazgo que alguna vez ocupó Spitz.
Buck travet rett til lederposisjonen som en gang var Spitz.
Pero François, sin darse cuenta, condujo a Solleks hacia el frente.

Men François, som ikke la merke til det, ledet Solleks frem til fronten.

A juicio de François, Solleks era ahora el mejor perro guía.

Etter François' vurdering var Solleks nå den beste ledehunden.

Buck se abalanzó furioso sobre Solleks y lo hizo retroceder en protesta.

Buck sprang mot Solleks i raseri og drev ham tilbake i protest.

Se situó en el mismo lugar que una vez estuvo Spitz, ocupando la posición de liderazgo.

Han sto der Spitz en gang hadde stått, og gjorde krav på lederposisjonen.

—¿Eh? ¿Eh? —gritó François, dándose palmadas en los muslos, divertido.

«Eh? Eh?» ropte François og slo seg muntert på lårene.

—Mira a Buck. Mató a Spitz y ahora quiere aceptar el trabajo.

«Se på Buck – han drepte Spitz, nå vil han ta jobben!»

—¡Vete, Chook! —gritó, intentando ahuyentar a Buck.

«Gå vekk, Chook!» ropte han og prøvde å jage Buck vekk.

Pero Buck se negó a moverse y se mantuvo firme en la nieve.

Men Buck nektet å røre seg og sto stødig i snøen.

François agarró a Buck por la nuca y lo arrastró a un lado.

François grep tak i Bucks skinnekrage og dro ham til side.

Buck gruñó bajo y amenazante, pero no atacó.

Buck knurret lavt og truende, men angrep ikke.

François puso a Solleks de nuevo en cabeza, intentando resolver la disputa.

François satte Solleks tilbake i ledelsen og prøvde å bilegge tvisten

El perro viejo mostró miedo de Buck y no quería quedarse.

Den gamle hunden viste frykt for Buck og ville ikke bli.

Cuando François le dio la espalda, Buck expulsó nuevamente a Solleks.

Da François snudde ryggen til, drev Buck Solleks ut igjen.

Solleks no se resistió y se hizo a un lado silenciosamente una vez más.

Solleks gjorde ikke motstand og trakk seg stille til side nok en gang.

François se enojó y gritó: "¡Por Dios, te arreglo!"
François ble sint og ropte: «Ved Gud, jeg reparerer deg!»

Se acercó a Buck sosteniendo un pesado garrote en su mano.
Han kom mot Buck med en tung kølle i hånden.

Buck recordaba bien al hombre del suéter rojo.
Buck husket mannen i den røde genseren godt.

Se retiró lentamente, observando a François, pero gruñendo profundamente.
Han trakk seg sakte tilbake, mens han så på François, men knurret dypt.

No se apresuró a regresar, incluso cuando Solleks ocupó su lugar.
Han skyndte seg ikke tilbake, selv ikke da Solleks sto på plassen hans.

Buck voló en círculos fuera de su alcance, gruñendo con furia y protesta.
Buck sirklet like utenfor rekkevidde, glefset rasende og protesterende.

Mantuvo la vista fija en el palo, dispuesto a esquivarlo si François lanzaba.
Han holdt blikket festet på køllen, klar til å dukke unna hvis François kastet.

Se había vuelto sabio y cauteloso en cuanto a las costumbres de los hombres con armas.
Han hadde blitt klok og forsiktig når det gjaldt menn med våpen.

François se dio por vencido y llamó a Buck nuevamente a su antiguo lugar.
François ga opp og kalte Buck tilbake til sitt tidligere sted.

Pero Buck retrocedió con cautela, negándose a obedecer la orden.
Men Buck trakk seg forsiktig tilbake og nektet å adlyde ordren.

François lo siguió, pero Buck sólo retrocedió unos pasos más.

François fulgte etter, men Buck trakk seg bare noen få skritt tilbake.

Después de un tiempo, François arrojó el arma al suelo, frustrado.

Etter en stund kastet François våpenet ned i frustrasjon.

Pensó que Buck tenía miedo de que le dieran una paliza y que iba a venir sin hacer mucho ruido.

Han trodde Buck fryktet å bli slått og kom til å komme stille.

Pero Buck no estaba evitando el castigo: estaba luchando por su rango.

Men Buck unngikk ikke straff – han kjempet for rang.

Se había ganado el puesto de perro líder mediante una pelea a muerte.

Han hadde fortjent lederhundplassen gjennom en kamp på liv og død

No iba a conformarse con nada menos que ser el líder.

Han ville ikke nøye seg med noe mindre enn å være leder.

Perrault participó en la persecución para ayudar a atrapar al rebelde Buck.

Perrault tok en hånd med i jakten for å hjelpe til med å fange den opprørske Buck.

Juntos lo hicieron correr alrededor del campamento durante casi una hora.

Sammen løp de ham rundt i leiren i nesten en time.

Le lanzaron garrotes, pero Buck los esquivó hábilmente.

De kastet køller mot ham, men Buck unngikk hver enkelt dyktig.

Lo maldijeron a él, a sus padres, a sus descendientes y a cada cabello que tenía.

De forbannet ham og hans forfedre og hans etterkommere og hvert hårstrå på ham.

Pero Buck sólo gruñó y se quedó fuera de su alcance.

Men Buck bare knurret tilbake og holdt seg like utenfor deres rekkevidde.

Nunca intentó huir, sino que rodeó el campamento deliberadamente.

Han prøvde aldri å løpe vekk, men gikk med vilje rundt leiren.

Dejó claro que obedecería una vez que le dieran lo que quería.

Han gjorde det klart at han kom til å adlyde når de ga ham det han ville ha.

François finalmente se sentó y se rascó la cabeza con frustración.

François satte seg endelig ned og klødde seg i hodet i frustrasjon.

Perrault miró su reloj, maldijo y murmuró algo sobre el tiempo perdido.

Perrault sjekket klokken sin, bannet og mumlet om tapt tid.

Ya había pasado una hora cuando debían estar en el sendero.

Det hadde allerede gått en time da de skulle ha vært på stien.

François se encogió de hombros tímidamente y miró al mensajero, quien suspiró derrotado.

François trakk beskjedent på skuldrene mot kureren, som sukket nederlagsfullt.

Entonces François se acercó a Solleks y llamó a Buck una vez más.

Så gikk François bort til Solleks og ropte på Buck en gang til.

Buck se rió como se ríe un perro, pero mantuvo una distancia cautelosa.

Buck lo som en hund ler, men holdt forsiktig avstand.

François le quitó el arnés a Solleks y lo devolvió a su lugar.

François tok av Solleks sele og satte ham tilbake på plassen sin.

El equipo de trineo estaba completamente arneses y solo había un lugar libre.

Akespannet sto fullt utspent, med bare én ledig plass.

La posición de liderazgo quedó vacía, claramente destinada solo para Buck.

Lederposisjonen forble tom, tydeligvis ment for Buck alene.

François volvió a llamar, y nuevamente Buck rió y se mantuvo firme.

François ropte igjen, og igjen lo Buck og holdt stand.

—Tira el garrote —ordenó Perrault sin dudarlo.
«Kast ned køllen», beordret Perrault uten å nøle.
François obedeció y Buck inmediatamente trotó hacia adelante orgulloso.
François adlød, og Buck travet straks stolt fremover.
Se rió triunfante y asumió la posición de líder.
Han lo triumferende og tok ledelsen.
François aseguró sus correajes y el trineo se soltó.
François sikret sporene sine, og sleden ble løsnet.
Ambos hombres corrieron al lado del equipo mientras corrían hacia el sendero del río.
Begge mennene løp ved siden av mens laget løp inn på elvestien.
François tenía en alta estima a los "dos demonios" de Buck.
François hadde satt høye krav til Bucks «to djevler».
Pero pronto se dio cuenta de que en realidad había subestimado al perro.
men han innså snart at han faktisk hadde undervurdert hunden.
Buck asumió rápidamente el liderazgo y trabajó con excelencia.
Buck tok raskt lederskap og presterte med dyktighet.
En juicio, pensamiento rápido y acción veloz, Buck superó a Spitz.
I dømmekraft, rask tenkning og rask handling overgikk Buck Spitz.
François nunca había visto un perro igual al que Buck mostraba ahora.
François hadde aldri sett en hund som kunne måle seg med den Buck nå viste frem.
Pero Buck realmente sobresalía en imponer el orden e imponer respeto.
Men Buck utmerket seg virkelig i å håndheve orden og inngyte respekt.
Dave y Solleks aceptaron el cambio sin preocupación ni protesta.

Dave og Solleks aksepterte endringen uten bekymring eller protest.
Se concentraron únicamente en el trabajo y en tirar con fuerza de las riendas.
De fokuserte bare på arbeid og å trekke hardt i tøylene.
A ellos les importaba poco quién iba delante, siempre y cuando el trineo siguiera moviéndose.
De brydde seg lite om hvem som ledet, så lenge sleden fortsatte å bevege seg.
Billee, la alegre, podría haber liderado todo lo que a ellos les importaba.
Billee, den muntre, kunne ha ledet an for alt de brydde seg om.
Lo que les importaba era la paz y el orden en las filas.
Det som var viktig for dem var ro og orden i rekkene.

El resto del equipo se había vuelto rebelde durante la decadencia de Spitz.
Resten av laget hadde blitt uregjerlige under Spitz' tilbakegang.
Se sorprendieron cuando Buck inmediatamente los puso en orden.
De ble sjokkerte da Buck umiddelbart tok dem i orden.
Pike siempre había sido perezoso y arrastraba los pies detrás de Buck.
Pike hadde alltid vært lat og slept beina etter Buck.
Pero ahora el nuevo liderazgo lo ha disciplinado severamente.
Men nå ble han strengt disiplinert av den nye ledelsen.
Y rápidamente aprendió a aportar su granito de arena en el equipo.
Og han lærte raskt å gjøre sin del av laget.
Al final del día, Pike trabajó más duro que nunca.
Mot slutten av dagen jobbet Pike hardere enn noen gang før.
Esa noche en el campamento, Joe, el perro amargado, finalmente fue sometido.

Den kvelden i leiren ble Joe, den sure hunden, endelig underkuet.
Spitz no logró disciplinarlo, pero Buck no falló.
Spitz hadde unnlatt å disiplinere ham, men Buck sviktet ikke.
Utilizando su mayor peso, Buck superó a Joe en segundos.
Ved å bruke sin større vekt overmannet Buck Joe på få sekunder.
Mordió y golpeó a Joe hasta que gimió y dejó de resistirse.
Han bet og slo Joe til han klynket og sluttet å gjøre motstand.
Todo el equipo mejoró a partir de ese momento.
Hele laget forbedret seg fra det øyeblikket av.
Los perros recuperaron su antigua unidad y disciplina.
Hundene gjenvant sin gamle samhold og disiplin.
En Rink Rapids, se unieron dos nuevos huskies nativos, Teek y Koona.
Ved Rink Rapids ble to nye innfødte huskyer, Teek og Koona, med.
El rápido entrenamiento que Buck les dio sorprendió incluso a François.
Bucks raske trening av dem forbløffet til og med François.
"¡Nunca hubo un perro como ese Buck!" gritó con asombro.
«Det har aldri vært en hund som den Buck!» ropte han forbløffet.
¡No, jamás! ¡Vale mil dólares, por Dios!
«Nei, aldri! Han er verdt tusen dollar, for pokker!»
—¿Eh? ¿Qué dices, Perrault? —preguntó con orgullo.
«Eh? Hva sier du, Perrault?» spurte han stolt.
Perrault asintió en señal de acuerdo y revisó sus notas.
Perrault nikket samtykkende og sjekket notatene sine.
Ya vamos por delante del cronograma y ganamos más cada día.
Vi ligger allerede foran skjema og vi får mer hver dag.
El sendero estaba duro y liso, sin nieve fresca.
Løypa var hardpakket og glatt, uten nysnø.
El frío era constante, rondando los cincuenta grados bajo cero durante todo el tiempo.
Kulden var jevn, og holdt seg på femti minusgrader hele tiden.

Los hombres cabalgaban y corrían por turnos para entrar en calor y ganar tiempo.
Mennene red og løp etter tur for å holde varmen og få tid.
Los perros corrían rápido, con pocas paradas y siempre avanzando.
Hundene løp fort med få stopp, og presset seg alltid fremover.
El río Thirty Mile estaba casi congelado y era fácil cruzarlo.
Thirty Mile-elven var stort sett frossen og lett å ferdes over.
Salieron en un día lo que habían tardado diez días en llegar.
De dro ut på én dag det som hadde tatt ti dager å komme inn.
Hicieron una carrera de sesenta millas desde el lago Le Barge hasta White Horse.
De løp seksti mil fra Lake Le Barge til White Horse.
A través de los lagos Marsh, Tagish y Bennett se movieron increíblemente rápido.
Over Marsh-, Tagish- og Bennett-sjøene beveget de seg utrolig raskt.
El hombre corriendo remolcado detrás del trineo por una cuerda.
Løpende mann tauet bak sleden i et tau.
En la última noche de la segunda semana llegaron a su destino.
Den siste kvelden i uke to kom de frem til bestemmelsesstedet sitt.
Habían llegado juntos a la cima del Paso Blanco.
De hadde nådd toppen av White Pass sammen.
Descendieron al nivel del mar con las luces de Skaguay debajo de ellos.
De falt ned til havnivå med Skaguays lys under seg.
Había sido una carrera que estableció un récord a través de kilómetros de desierto frío.
Det hadde vært en rekordsettende løpetur gjennom kilometervis med kald villmark.
Durante catorce días seguidos, recorrieron un promedio de cuarenta millas.
I fjorten dager i strekk løp de i gjennomsnitt en solid 64 kilometer.

En Skaguay, Perrault y François transportaban mercancías por la ciudad.
I Skaguay flyttet Perrault og François last gjennom byen.
Fueron aplaudidos y la multitud admirada les ofreció muchas bebidas.
De ble hyllet og tilbudt mange drinker av beundrende folkemengder.
Los cazadores de perros y los trabajadores se reunieron alrededor del famoso equipo de perros.
Hundejegere og arbeidere samlet seg rundt det berømte hundespannet.
Luego, los forajidos del oeste llegaron a la ciudad y sufrieron una derrota violenta.
Så kom vestlige fredløse til byen og møtte et voldelig nederlag.
La gente pronto se olvidó del equipo y se centró en un nuevo drama.
Folket glemte snart laget og fokuserte på nytt drama.
Luego vinieron las nuevas órdenes que cambiaron todo de golpe.
Så kom de nye ordrene som forandret alt på én gang.
François llamó a Buck y lo abrazó con orgullo entre lágrimas.
François kalte Buck til seg og klemte ham med tårevåt stolthet.
Ese momento fue la última vez que Buck volvió a ver a François.
Det øyeblikket var siste gang Buck så François igjen.
Como muchos hombres antes, tanto François como Perrault se habían ido.
Som mange menn før, var både François og Perrault borte.
Un mestizo escocés se hizo cargo de Buck y sus compañeros de equipo de perros de trineo.
En skotsk halvblod tok ansvar for Buck og hans sledehundkamerater.
Con una docena de otros equipos de perros, regresaron por el sendero hasta Dawson.
Med et dusin andre hundespann returnerte de langs stien til Dawson.

Ya no era una carrera rápida, solo un trabajo duro con una carga pesada cada día.
Det var ingen rask løpetur nå – bare hardt slit med en tung last hver dag.
Éste era el tren correo que llevaba noticias a los buscadores de oro cerca del Polo.
Dette var posttoget som brakte bud til gulljegere nær polpunktet.
A Buck no le gustaba el trabajo, pero lo soportaba bien y se enorgullecía de su esfuerzo.
Buck mislikte arbeidet, men tålte det godt og var stolt av innsatsen sin.
Al igual que Dave y Solleks, Buck mostró devoción por cada tarea diaria.
I likhet med Dave og Solleks viste Buck hengivenhet til hver eneste daglige oppgave.
Se aseguró de que cada uno de sus compañeros hiciera su parte.
Han sørget for at lagkameratene hans gjorde sitt ytterste.
La vida en el sendero se volvió aburrida, repetida con la precisión de una máquina.
Livet på stiene ble kjedelig, gjentatt med en maskins presisjon.
Cada día parecía igual, una mañana se fundía con la siguiente.
Hver dag føltes lik, den ene morgenen gikk over i den neste.
A la misma hora, los cocineros se levantaron para hacer fogatas y preparar la comida.
I samme time sto kokkene opp for å lage bål og lage mat.
Después del desayuno, algunos abandonaron el campamento mientras otros enjaezaron los perros.
Etter frokost forlot noen leiren mens andre spente på hundene.
Se pusieron en marcha antes de que la tenue señal del amanecer tocara el cielo.
De kom i gang før den svake varsellyden om daggry nådde himmelen.
Por la noche se detenían para acampar, cada hombre con una tarea determinada.

Om natten stoppet de for å slå leir, hver mann med en fast plikt.
Algunos montaron tiendas de campaña, otros cortaron leña y recogieron ramas de pino.
Noen slo opp teltene, andre hogg ved og samlet furugrener.
Se llevaba agua o hielo a los cocineros para la cena.
Vann eller is ble båret tilbake til kokkene til kveldsmåltidet.
Los perros fueron alimentados y esta fue la mejor parte del día para ellos.
Hundene fikk mat, og dette var den beste delen av dagen for dem.
Después de comer pescado, los perros se relajaron y descansaron cerca del fuego.
Etter å ha spist fisk, slappet hundene av og lå og slengte seg rundt bålet.
Había otros cien perros en el convoy con los que mezclarse.
Det var hundre andre hunder i konvoien å omgås med.
Muchos de esos perros eran feroces y rápidos para pelear sin previo aviso.
Mange av disse hundene var ville og raske til å slåss uten forvarsel.
Pero después de tres victorias, Buck dominó incluso a los luchadores más feroces.
Men etter tre seire mestret Buck selv de tøffeste slåsskjempene.
Cuando Buck gruñó y mostró los dientes, se hicieron a un lado.
Da Buck knurret og viste tennene, trakk de seg til side.
Quizás lo mejor de todo es que a Buck le encantaba tumbarse cerca de la fogata parpadeante.
Kanskje aller best var det at Buck elsket å ligge ved det blafrende bålet.
Se agachó con las patas traseras dobladas y las patas delanteras estiradas hacia adelante.
Han satt på huk med bakbeina innfelt og forbeina strukket fremover.
Levantó la cabeza mientras parpadeaba suavemente ante las llamas brillantes.

Hodet hans var hevet mens han blunket mykt mot de
glødende flammene.

A veces recordaba la gran casa del juez Miller en Santa Clara.

Noen ganger mintes han dommer Millers store hus i Santa Clara.

Pensó en la piscina de cemento, en Ysabel y en el pug llamado Toots.

Han tenkte på sementbassenget, på Ysabel og mopsen som het Toots.

Pero más a menudo recordaba el garrote del hombre del suéter rojo.

Men oftere husket han mannen med køllen til den røde genseren.

Recordó la muerte de Curly y su feroz batalla con Spitz.

Han husket Krølletes død og hans harde kamp med Spitz.

También recordó la buena comida que había comido o con la que aún soñaba.

Han mintes også den gode maten han hadde spist eller fortsatt drømte om.

Buck no sentía nostalgia: el cálido valle era distante e irreal.

Buck lengtet ikke hjem – den varme dalen var fjern og uvirkelig.

Los recuerdos de California ya no ejercían ninguna atracción sobre él.

Minnene fra California hadde ikke lenger noen reell tiltrekningskraft på ham.

Más fuertes que la memoria eran los instintos profundos en su linaje.

Sterkere enn hukommelsen var instinkter dypt i hans blodslinje.

Los hábitos que una vez se habían perdido habían regresado, revividos por el camino y la naturaleza.

Vaner som en gang var tapt hadde kommet tilbake, gjenopplivet av stien og villmarken.

Mientras Buck observaba la luz del fuego, a veces se convertía en otra cosa.

Når Buck så på lyset fra bålet, ble det noen ganger til noe annet.

Vio a la luz del fuego otro fuego, más antiguo y más profundo que el actual.

Han så i lyset fra ilden en annen ild, eldre og dypere enn den nåværende.

Junto a ese otro fuego se agazapaba un hombre que no se parecía en nada al cocinero mestizo.

Ved siden av den andre ilden satt en mann ulik den halvblods kokken.

Esta figura tenía piernas cortas, brazos largos y músculos duros y anudados.

Denne figuren hadde korte ben, lange armer og harde, sammenknyttede muskler.

Su cabello era largo y enmarañado, y caía hacia atrás desde los ojos.

Håret hans var langt og flokete, og skrånet bakover fra øynene.

Hizo ruidos extraños y miró con miedo hacia la oscuridad.

Han lagde merkelige lyder og stirret fryktsomt ut i mørket.

Sostenía agachado un garrote de piedra, firmemente agarrado con su mano larga y áspera.

Han holdt en steinkølle lavt, hardt klemt i den lange, ru hånden sin.

El hombre vestía poco: sólo una piel carbonizada que le colgaba por la espalda.

Mannen hadde lite på seg; bare en forkullet hud som hang nedover ryggen hans.

Su cuerpo estaba cubierto de espeso vello en los brazos, el pecho y los muslos.

Kroppen hans var dekket av tykt hår på armene, brystet og lårene.

Algunas partes del cabello estaban enredadas en parches de pelaje áspero.

Noen deler av håret var flokete inn i flekker med ru pels.

No se mantenía erguido, sino inclinado hacia delante desde las caderas hasta las rodillas.

Han sto ikke rett, men bøyde seg fremover fra hoftene til knærne.

Sus pasos eran elásticos y felinos, como si estuviera siempre dispuesto a saltar.

Skrittene hans var fjærende og katteaktige, som om han alltid var klar til å hoppe.

Había un estado de alerta agudo, como si viviera con miedo constante.

Det var en skarp årvåkenhet, som om han levde i konstant frykt.

Este hombre anciano parecía esperar el peligro, ya sea que lo viera o no.

Denne eldgamle mannen syntes å forvente fare, enten faren ble sett eller ikke.

A veces, el hombre peludo dormía junto al fuego, con la cabeza metida entre las piernas.

Til tider sov den hårete mannen ved bålet med hodet mellom beina.

Sus codos descansaban sobre sus rodillas, sus manos entrelazadas sobre su cabeza.

Albuene hans hvilte på knærne, hendene foldet over hodet.

Como un perro, usó sus brazos peludos para protegerse de la lluvia que caía.

Som en hund brukte han sine hårete armer til å felle av seg det fallende regnet.

Más allá de la luz del fuego, Buck vio dos brasas brillando en la oscuridad.

Bak lyset fra bålet så Buck to kull som glødet i mørket.

Siempre de dos en dos, eran los ojos de las bestias rapaces al acecho.

Alltid to og to, var de øynene til forfølgende rovdyr.

Escuchó cuerpos chocando contra la maleza y ruidos en la noche.

Han hørte kropper krasje gjennom kratt og lyder laget om natten.

Acostado en la orilla del Yukón, parpadeando, Buck soñaba junto al fuego.

Buck lå og blunket ved bålet og drømte på Yukon-bredden.
Las vistas y los sonidos de ese mundo salvaje le ponían los pelos de punta.
Synene og lydene fra den ville verdenen fikk hårene hans til å reise seg.
El pelaje se le subió por la espalda, los hombros y el cuello.
Pelsen steg langs ryggen, skuldrene og oppover nakken hans.
Él gimió suavemente o emitió un gruñido bajo y profundo en su pecho.
Han klynket lavt eller knurret lavt dypt inne i brystet.
Entonces el cocinero mestizo gritó: "¡Oye, Buck, despierta!"
Så ropte halvblodskokken: «Hei, Buck, våkn opp!»
El mundo de los sueños desapareció y la vida real regresó a los ojos de Buck.
Drømmeverdenen forsvant, og det virkelige livet vendte tilbake til Bucks øyne.
Iba a levantarse, estirarse y bostezar, como si acabara de despertar de una siesta.
Han skulle til å reise seg, strekke seg og gjespe, som om han hadde vekket fra en lur.
El viaje fue duro, con el trineo del correo arrastrándose detrás de ellos.
Turen var hard, med postsleden som slepte etter dem.
Las cargas pesadas y el trabajo duro agotaban a los perros cada largo día.
Tunge lass og hardt arbeid slet ut hundene hver lange dag.
Llegaron a Dawson delgados, cansados y necesitando más de una semana de descanso.
De ankom Dawson tynne, slitne og trengte over en ukes hvile.
Pero sólo dos días después, emprendieron nuevamente el descenso por el Yukón.
Men bare to dager senere la de ut nedover Yukon igjen.
Estaban cargados con más cartas destinadas al mundo exterior.
De var lastet med flere brev på vei til omverdenen.
Los perros estaban exhaustos y los hombres se quejaban constantemente.

Hundene var utslitte, og mennene klaget konstant.
La nieve caía todos los días, suavizando el camino y ralentizando los trineos.
Snøen falt hver dag, noe som myknet opp stien og bremset sledene.
Esto provocó que el tirón fuera más difícil y hubo más resistencia para los corredores.
Dette førte til hardere drag og mer luftmotstand for løperne.
A pesar de eso, los pilotos fueron justos y se preocuparon por sus equipos.
Til tross for det var sjåførene rettferdige og brydde seg om lagene sine.
Cada noche, los perros eran alimentados antes de que los hombres pudieran comer.
Hver kveld ble hundene matet før mennene fikk spise.
Ningún hombre duerme sin antes revisar las patas de su propio perro.
Ingen mann sov før han sjekket føttene til sin egen hund.
Aún así, los perros se fueron debilitando a medida que los kilómetros iban desgastando sus cuerpos.
Likevel ble hundene svakere etter hvert som kilometerne gikk på kroppen.
Habían viajado mil ochocientas millas durante el invierno.
De hadde reist atten hundre mil gjennom vinteren.
Tiraron de trineos a lo largo de cada milla de esa brutal distancia.
De dro sleder over hver kilometer av den brutale distansen.
Incluso los perros de trineo más resistentes sienten tensión después de tantos kilómetros.
Selv de tøffeste sledehundene føler belastning etter så mange kilometer.
Buck aguantó, mantuvo a su equipo trabajando y mantuvo la disciplina.
Buck holdt ut, holdt laget sitt i gang og opprettholdt disiplinen.
Pero Buck estaba cansado, al igual que los demás en el largo viaje.

Men Buck var sliten, akkurat som de andre på den lange reisen.
Billee gemía y lloraba mientras dormía todas las noches sin falta.
Billee klynket og gråt i søvne hver natt uten å feile.
Joe se volvió aún más amargado y Solleks se mantuvo frío y distante.
Joe ble enda mer bitter, og Solleks forble kald og distansert.
Pero fue Dave quien sufrió más de todo el equipo.
Men det var Dave som led verst av hele laget.
Algo había ido mal dentro de él, aunque nadie sabía qué.
Noe hadde gått galt inni ham, selv om ingen visste hva.
Se volvió más malhumorado y les gritaba a los demás con creciente enojo.
Han ble mer humørsyk og glefset til andre med økende sinne.
Cada noche iba directo a su nido, esperando ser alimentado.
Hver natt gikk han rett til reiret sitt og ventet på å bli matet.
Una vez que cayó, Dave no se levantó hasta la mañana.
Da han først var nede, sto ikke Dave opp igjen før om morgenen.
En las riendas, tirones o arranques repentinos le hacían gritar de dolor.
På tøylene fikk plutselige rykk eller rykk ham til å gråte av smerte.
Su conductor buscó la causa, pero no encontró heridos.
Sjåføren hans lette etter årsaken, men fant ingen skader på ham.
Todos los conductores comenzaron a observar a Dave y discutieron su caso.
Alle sjåførene begynte å se på Dave og diskuterte saken hans.
Hablaron durante las comidas y durante el último cigarrillo del día.
De snakket sammen under måltidene og under dagens siste røyk.
Una noche tuvieron una reunión y llevaron a Dave al fuego.
En kveld holdt de et møte og tok Dave med til bålet.
Le apretaron y le palparon el cuerpo, y él gritaba a menudo.

De presset og undersøkte kroppen hans, og han gråt ofte.
Estaba claro que algo iba mal, aunque no parecía haber ningún hueso roto.
Det var tydelig at noe var galt, selv om ingen bein så ut til å være brukket.
Cuando llegaron a Cassiar Bar, Dave se estaba cayendo.
Da de kom til Cassiar Bar, holdt Dave på å falle om.
El mestizo escocés pidió un alto y eliminó a Dave del equipo.
Den skotske halvblodsrasen ga stopp og fjernet Dave fra laget.
Sujetó a Solleks en el lugar de Dave, más cerca del frente del trineo.
Han festet Sollekene på Daves plass, nærmest sledens forside.
Su intención era dejar que Dave descansara y corriera libremente detrás del trineo en movimiento.
Han mente å la Dave hvile og løpe fritt bak den bevegelige sleden.
Pero incluso estando enfermo, Dave odiaba que lo sacaran del trabajo que había tenido.
Men selv om han var syk, hatet Dave å bli tatt fra jobben han hadde hatt.
Gruñó y gimió cuando le quitaron las riendas del cuerpo.
Han knurret og klynket idet tøylene ble trukket fra kroppen hans.
Cuando vio a Solleks en su lugar, lloró con el corazón roto.
Da han så Solleks på sin plass, gråt han av knust hjerte.
El orgullo por el trabajo en los senderos estaba profundamente arraigado en Dave, incluso cuando se acercaba la muerte.
Stoltheten over stiarbeidet satt dypt i Dave, selv da døden nærmet seg.
Mientras el trineo se movía, Dave se tambaleaba sobre la nieve blanda cerca del sendero.
Mens sleden beveget seg, famlet Dave gjennom myk snø nær stien.
Atacó a Solleks, mordiéndolo y empujándolo desde el costado del trineo.

Han angrep Solleks, bet og dyttet ham fra siden av sleden.
Dave intentó saltar al arnés y recuperar su lugar de trabajo.
Dave prøvde å hoppe inn i selen og gjenerobre arbeidsplassen sin.
Gritó, se quejó y lloró, dividido entre el dolor y el orgullo por el trabajo.
Han hylte, klynket og gråt, revet mellom smerte og stolthet over arbeidet.
El mestizo usó su látigo para intentar alejar a Dave del equipo.
Halvrasen brukte pisken sin til å prøve å drive Dave vekk fra laget.
Pero Dave ignoró el látigo y el hombre no pudo golpearlo más fuerte.
Men Dave ignorerte piskingen, og mannen kunne ikke slå ham hardere.
Dave rechazó el camino más fácil detrás del trineo, donde la nieve estaba acumulada.
Dave nektet å ta den enklere stien bak sleden, der snøen var pakket sammen.
En cambio, luchaba en la nieve profunda junto al sendero, en la miseria.
I stedet slet han i den dype snøen ved siden av stien, i elendighet.
Finalmente, Dave se desplomó, quedó tendido en la nieve y aullando de dolor.
Til slutt kollapset Dave, liggende i snøen og ulte av smerte.
Gritó cuando el largo tren de trineos pasó a su lado uno por uno.
Han ropte ut idet det lange toget med sleder passerte ham én etter én.
Aún con las fuerzas que le quedaban, se levantó y tropezó tras ellos.
Likevel, med den styrke han hadde igjen, reiste han seg og snublet etter dem.
Lo alcanzó cuando el tren se detuvo nuevamente y encontró su viejo trineo.

Han tok igjen da toget stoppet igjen og fant den gamle sleden sin.

Pasó junto a los otros equipos y se quedó de nuevo al lado de Solleks.

Han famlet forbi de andre lagene og stilte seg ved siden av Solleks igjen.

Cuando el conductor se detuvo para encender su pipa, Dave aprovechó su última oportunidad.

Idet sjåføren stoppet for å tenne pipa si, tok Dave sin siste sjanse.

Cuando el conductor regresó y gritó, el equipo no avanzó.

Da sjåføren kom tilbake og ropte, beveget ikke teamet seg fremover.

Los perros habían girado la cabeza, confundidos por la parada repentina.

Hundene hadde snudd hodene, forvirret av den plutselige stansen.

El conductor también estaba sorprendido: el trineo no se había movido ni un centímetro hacia adelante.

Sjåføren ble også sjokkert – sleden hadde ikke beveget seg en tomme fremover.

Llamó a los demás para que vinieran a ver qué había sucedido.

Han ropte til de andre at de skulle komme og se hva som hadde skjedd.

Dave había mordido las riendas de Solleks, rompiéndolas ambas.

Dave hadde tygget seg gjennom Solleks' tøyler og brukket begge fra hverandre.

Ahora estaba de pie frente al trineo, nuevamente en su posición correcta.

Nå sto han foran sleden, tilbake i sin rettmessige posisjon.

Dave miró al conductor y le rogó en silencio que se mantuviera en el carril.

Dave så opp på sjåføren og tryglet i stillhet om å få holde seg i sporene.

El conductor estaba desconcertado, sin saber qué hacer con el perro que luchaba.
Sjåføren var forvirret og usikker på hva han skulle gjøre med den sliterende hunden.
Los otros hombres hablaron de perros que habían muerto al ser sacados a la calle.
De andre mennene snakket om hunder som hadde dødd av å bli tatt ut.
Contaron sobre perros viejos o heridos cuyo corazón se rompió al ser abandonados.
De fortalte om gamle eller skadde hunder som fikk hjertene sine knust når de ble etterlatt.
Estuvieron de acuerdo en que era una misericordia dejar que Dave muriera mientras aún estaba en su arnés.
De var enige om at det var barmhjertighet å la Dave dø mens han fortsatt var i selen sin.
Lo volvieron a sujetar al trineo y Dave tiró con orgullo.
Han ble festet tilbake på sleden, og Dave dro med stolthet.
Aunque a veces gritaba, trabajaba como si el dolor pudiera ignorarse.
Selv om han ropte til tider, jobbet han som om smerte kunne ignoreres.
Más de una vez se cayó y fue arrastrado antes de levantarse de nuevo.
Mer enn én gang falt han og ble dratt med seg før han reiste seg igjen.
Un día, el trineo pasó por encima de él y desde ese momento empezó a cojear.
En gang rullet sleden over ham, og han haltet fra det øyeblikket av.
Aún así, trabajó hasta llegar al campamento y luego se acostó junto al fuego.
Likevel jobbet han til han nådde leiren, og deretter lå han ved bålet.
Por la mañana, Dave estaba demasiado débil para viajar o incluso mantenerse en pie.

Om morgenen var Dave for svak til å reise eller til og med stå oppreist.

En el momento de preparar el arnés, intentó alcanzar a su conductor con un esfuerzo tembloroso.

Da det var tid for å spene fast bilen, prøvde han med skjelvende anstrengelse å nå frem til sjåføren.

Se obligó a levantarse, se tambaleó y se desplomó sobre el suelo nevado.

Han tvang seg opp, sjanglet og kollapset ned på den snødekte bakken.

Utilizando sus patas delanteras, arrastró su cuerpo hacia el área del arnés.

Ved hjelp av forbeina dro han kroppen sin mot seleområdet.

Avanzó poco a poco, centímetro a centímetro, hacia los perros de trabajo.

Han hvilte seg fremover, tomme for tomme, mot arbeidshundene.

Sus fuerzas se acabaron, pero siguió avanzando en su último y desesperado esfuerzo.

Kreftene hans sviktet, men han fortsatte i sitt siste desperate fremstøt.

Sus compañeros de equipo lo vieron jadeando en la nieve, todavía deseando unirse a ellos.

Lagkameratene hans så ham gispe i snøen, fortsatt lengtende etter å bli med dem.

Lo oyeron aullar de dolor mientras dejaban atrás el campamento.

De hørte ham hyle av sorg idet de forlot leiren.

Cuando el equipo desapareció entre los árboles, el grito de Dave resonó detrás de ellos.

Idet teamet forsvant inn i trærne, ekkoet Daves rop bak dem.

El tren de trineos se detuvo brevemente después de cruzar un tramo de bosque junto al río.

Sledetoget stoppet kort etter å ha krysset en strekning med elvetømmer.

El mestizo escocés caminó lentamente de regreso hacia el campamento que estaba detrás.

Den skotske halvblodshunden gikk sakte tilbake mot leiren bak.

Los hombres dejaron de hablar cuando lo vieron salir del tren de trineos.

Mennene sluttet å snakke da de så ham forlate sledetoget.

Entonces un único disparo se oyó claro y nítido en el camino.

Så runget et enkelt skudd klart og skarpt over stien.

El hombre regresó rápidamente y ocupó su lugar sin decir palabra.

Mannen kom raskt tilbake og tok plassen sin uten et ord.

Los látigos crujieron, las campanas tintinearon y los trineos rodaron por la nieve.

Pisker knaket, bjeller klang, og sledene rullet videre gjennom snøen.

Pero Buck sabía lo que había sucedido... y todos los demás perros también.

Men Buck visste hva som hadde skjedd – og det gjorde alle andre hunder også.

El trabajo de las riendas y el sendero
Tøylenes og sporets slit

Treinta días después de salir de Dawson, el Salt Water Mail llegó a Skaguay.
Tretti dager etter at de forlot Dawson, nådde Salt Water Mail Skaguay.
Buck y sus compañeros tomaron la delantera, llegando en lamentables condiciones.
Buck og lagkameratene hans tok ledelsen og ankom i ynkelig forfatning.
Buck había bajado de ciento cuarenta a ciento quince libras.
Buck hadde gått ned fra hundre og førti til hundre og femten pund.
Los otros perros, aunque más pequeños, habían perdido aún más peso corporal.
De andre hundene, selv om de var mindre, hadde mistet enda mer kroppsvekt.
Pike, que antes fingía cojear, ahora arrastraba tras él una pierna realmente herida.
Pike, en gang en falsk halter, dro nå et virkelig skadet bein etter seg.
Solleks cojeaba mucho y Dub tenía un omóplato torcido.
Solleks haltet stygt, og Dub hadde et vridd skulderblad.
Todos los perros del equipo tenían las patas doloridas por las semanas que pasaron en el sendero helado.
Alle hundene i spannet hadde vondt i føttene etter flere uker på den frosne stien.
Ya no tenían resorte en sus pasos, sólo un movimiento lento y arrastrado.
De hadde ingen fjærhet igjen i skrittene sine, bare langsom, slepende bevegelse.
Sus pies golpeaban el sendero con fuerza y cada paso añadía más tensión a sus cuerpos.
Føttene deres traff stien hardt, og hvert skritt belastet kroppen mer.

No estaban enfermos, sólo agotados más allá de toda recuperación natural.
De var ikke syke, bare uttømte til det uunngåelige.
No era el cansancio de un día duro que se curaba con una noche de descanso.
Dette var ikke tretthet etter én hard dag, kurert med en natts søvn.
Fue un agotamiento acumulado lentamente a lo largo de meses de esfuerzo agotador.
Det var utmattelse som sakte bygget seg opp gjennom måneder med knallhard innsats.
No quedaban reservas de fuerza: habían agotado todas las que tenían.
Ingen reservestyrke var igjen – de hadde brukt opp alt de hadde.
Cada músculo, fibra y célula de sus cuerpos estaba gastado y desgastado.
Hver muskel, fiber og celle i kroppene deres var utslitt og utslitt.
Y había una razón: habían recorrido dos mil quinientas millas.
Og det var en grunn – de hadde tilbakelagt tjuefem hundre mil.
Habían descansado sólo cinco días durante las últimas mil ochocientas millas.
De hadde bare hvilt i fem dager i løpet av de siste atten hundre milene.
Cuando llegaron a Skaguay, parecían apenas capaces de mantenerse en pie.
Da de nådde Skaguay, så det ut til at de knapt kunne stå oppreist.
Se esforzaron por mantener las riendas tensas y permanecer delante del trineo.
De slet med å holde tøylene stramme og holde seg foran sleden.
En las bajadas sólo lograron evitar ser atropellados.
I nedoverbakker klarte de bare å unngå å bli påkjørt.

"Sigan adelante, pobres pies doloridos", dijo el conductor mientras cojeaban.
«Marsjér videre, stakkars såre føtter», sa sjåføren mens de haltet avgårde.
"Este es el último tramo, luego todos tendremos un largo descanso, seguro".
«Dette er den siste strekningen, så får vi alle én lang hvile, helt sikkert.»
"Un descanso verdaderamente largo", prometió mientras los observaba tambalearse hacia adelante.
«Én skikkelig lang hvil», lovet han, mens han så dem sjangle fremover.
Los conductores esperaban que ahora tuvieran un descanso largo y necesario.
Sjåførene forventet at de nå skulle få en lang, tiltrengt pause.
Habían recorrido mil doscientas millas con sólo dos días de descanso.
De hadde tilbakelagt tolv hundre mil med bare to dagers hvile.
Por justicia y razón, sintieron que se habían ganado tiempo para relajarse.
Av rettferdighet og fornuft følte de at de hadde fortjent tid til å slappe av.
Pero eran demasiados los que habían llegado al Klondike y muy pocos los que se habían quedado en casa.
Men for mange hadde kommet til Klondike, og for få hadde blitt hjemme.
Las cartas de las familias llegaron en masa, creando montañas de correo retrasado.
Brev fra familier strømmet inn, og skapte bunker med forsinket post.
Llegaron órdenes oficiales: nuevos perros de la Bahía de Hudson tomarían el control.
Offisielle ordrer kom – nye hunder fra Hudson Bay skulle ta over.
Los perros exhaustos, ahora llamados inútiles, debían ser eliminados.

De utmattede hundene, nå kalt verdiløse, skulle kvittes med.
Como el dinero importaba más que los perros, los iban a vender a bajo precio.
Siden penger betydde mer enn hunder, skulle de selges billig.
Pasaron tres días más antes de que los perros sintieran lo débiles que estaban.
Tre dager til gikk før hundene kjente hvor svake de var.
En la cuarta mañana, dos hombres de Estados Unidos compraron todo el equipo.
Den fjerde morgenen kjøpte to menn fra Statene hele laget.
La venta incluía todos los perros, además de sus arneses usados.
Salget inkluderte alle hundene, pluss det brukte seleutstyret deres.
Los hombres se llamaban entre sí "Hal" y "Charles" mientras completaban el trato.
Mennene kalte hverandre «Hal» og «Charles» mens de fullførte avtalen.
Charles era un hombre de mediana edad, pálido, con labios flácidos y puntas de bigote feroces.
Charles var middelaldrende, blek, med slappe lepper og hissige barttupper.
Hal era un hombre joven, de unos diecinueve años, que llevaba un cinturón lleno de cartuchos.
Hal var en ung mann, kanskje nitten, som hadde på seg et belte fylt med patroner.
El cinturón contenía un gran revólver y un cuchillo de caza, ambos sin usar.
Beltet inneholdt en stor revolver og en jaktkniv, begge ubrukte.
Esto demostró lo inexperto e inadecuado que era para la vida en el norte.
Det viste hvor uerfaren og uskikket han var for livet i nord.
Ninguno de los dos pertenecía a la naturaleza; su presencia desafiaba toda razón.
Ingen av mennene hørte hjemme i villmarken; deres tilstedeværelse trosset all fornuft.

Buck observó cómo el dinero intercambiaba manos entre el comprador y el agente.
Buck så på mens penger utvekslet hender mellom kjøper og megler.

Sabía que los conductores de trenes correos abandonaban su vida como el resto.
Han visste at posttogførerne forlot livet hans som alle andre.

Siguieron a Perrault y a François, ahora desaparecidos sin posibilidad de recuperación.
De fulgte Perrault og François, som nå var ubrukelige å huske.

Buck y el equipo fueron conducidos al descuidado campamento de sus nuevos dueños.
Buck og teamet ble ført til sine nye eiers slurvete leir.

La tienda se hundía, los platos estaban sucios y todo estaba desordenado.
Teltet hang, oppvasken var skitten, og alt lå i uorden.

Buck también notó que había una mujer allí: Mercedes, la esposa de Charles y hermana de Hal.
Buck la også merke til en kvinne der – Mercedes, Charles' kone og Hals søster.

Formaban una familia completa, aunque no eran aptos para el recorrido.
De utgjorde en komplett familie, men langt fra egnet til løypa.

Buck observó nervioso cómo el trío comenzó a empacar los suministros.
Buck så nervøst på mens trioen begynte å pakke utstyret.

Trabajaron duro, pero sin orden: sólo alboroto y esfuerzos desperdiciados.
De jobbet hardt, men uten orden – bare styr og bortkastet innsats.

La tienda estaba enrollada hasta formar un volumen demasiado grande para el trineo.
Teltet var rullet sammen til en klumpete form, altfor stor for sleden.

Los platos sucios se empaquetaron sin limpiarlos ni secarlos.
Skitten oppvask ble pakket uten å bli rengjort eller tørket i det hele tatt.

Mercedes revoloteaba por todos lados, hablando, corrigiendo y entrometiéndose constantemente.
Mercedes flagret rundt, snakket, korrigerte og blandet seg stadig vekk.

Cuando le ponían un saco en el frente, ella insistía en que lo pusieran en la parte de atrás.
Da en sekk ble plassert foran, insisterte hun på at den skulle legges på baksiden.

Metió la bolsa en el fondo y al siguiente momento la necesitó.
Hun pakket sekken i bunnen, og i neste øyeblikk trengte hun den.

De esta manera, el trineo fue desempaquetado nuevamente para alcanzar la bolsa específica.
Så ble sleden pakket ut igjen for å nå den ene spesifikke sekken.

Cerca de allí, tres hombres estaban parados afuera de una tienda de campaña, observando cómo se desarrollaba la escena.
I nærheten sto tre menn utenfor et telt og så på hendelsen som utspilte seg.

Sonrieron, guiñaron el ojo y sonrieron ante la evidente confusión de los recién llegados.
De smilte, blunket og gliste av nykommernes åpenbare forvirring.

"Ya tienes una carga bastante pesada", dijo uno de los hombres.
«Du har allerede en skikkelig tung last», sa en av mennene.

"No creo que debas llevar esa tienda de campaña, pero es tu elección".
«Jeg synes ikke du bør bære det teltet, men det er ditt valg.»

"¡Inimaginable!", exclamó Mercedes levantando las manos con desesperación.
«Uansett!» ropte Mercedes og slo hendene i været i fortvilelse.

"¿Cómo podría viajar sin una tienda de campaña donde refugiarme?"

«Hvordan skulle jeg i det hele tatt kunne reise uten et telt å overnatte i?»

"Es primavera, ya no volverás a ver el frío", respondió el hombre.

«Det er vår – du kommer ikke til å se kaldt vær igjen», svarte mannen.

Pero ella meneó la cabeza y ellos siguieron apilando objetos en el trineo.

Men hun ristet på hodet, og de fortsatte å stable gjenstander oppå sleden.

La carga se elevó peligrosamente a medida que añadían los últimos elementos.

Lasten tårnet seg faretruende høyt da de la til de siste tingene.

"¿Crees que el trineo se deslizará?" preguntó uno de los hombres con mirada escéptica.

«Tror du sleden vil kjøre?» spurte en av mennene med et skeptisk blikk.

"¿Por qué no debería?", replicó Charles con gran fastidio.

«Hvorfor skulle det ikke?» glefset Charles tilbake med skarp irritasjon.

—Está bien —dijo rápidamente el hombre, alejándose un poco de la ofensa.

«Å, det er greit», sa mannen raskt, og trakk seg unna fornærmelsen.

"Solo me preguntaba, me pareció que tenía la parte superior demasiado pesada".

«Jeg bare lurte – den så bare litt for tung ut på toppen.»

Charles se dio la vuelta y ató la carga lo mejor que pudo.

Charles snudde seg bort og bandt fast lasten så godt han kunne.

Pero las ataduras estaban sueltas y el embalaje en general estaba mal hecho.

Men surringene var løse og pakkingen dårlig utført generelt.

"Claro, los perros tirarán de eso todo el día", dijo otro hombre con sarcasmo.

«Jada, hundene kommer til å trekke med den hele dagen», sa en annen mann sarkastisk.

—Por supuesto —respondió Hal con frialdad, agarrando el largo palo del trineo.

«Selvfølgelig», svarte Hal kaldt og grep tak i den lange geestangen på sleden.

Con una mano en el poste, blandía el látigo con la otra.

Med den ene hånden på stangen svingte han pisken i den andre.

"¡Vamos!", gritó. "¡Muévanse!", instando a los perros a empezar.

«La oss gå!» ropte han. «Flytt på!» og oppfordret hundene til å sette i gang.

Los perros se inclinaron hacia el arnés y se tensaron durante unos instantes.

Hundene lente seg inn i selen og anstrengte seg i noen øyeblikk.

Entonces se detuvieron, incapaces de mover ni un centímetro el trineo sobrecargado.

Så stoppet de, ute av stand til å rikke den overlastede sleden en tomme.

—¡Esos brutos perezosos! —gritó Hal, levantando el látigo para golpearlos.

«De late beistene!» ropte Hal og løftet pisken for å slå dem.

Pero Mercedes entró corriendo y le arrebató el látigo de las manos a Hal.

Men Mercedes stormet inn og grep pisken fra Hals hender.

—Oh, Hal, no te atrevas a hacerles daño —gritó alarmada.

«Å, Hal, ikke våg å skade dem!» ropte hun forferdet.

"Prométeme que serás amable con ellos o no daré un paso más".

«Lov meg at du skal være snill mot dem, ellers går jeg ikke et skritt til.»

—No sabes nada de perros —le espetó Hal a su hermana.

«Du aner ikke en dæsj om hunder», glefset Hal til søsteren sin.

"Son perezosos y la única forma de moverlos es azotándolos".

«De er late, og den eneste måten å flytte dem på er å piske dem.»

"Pregúntale a cualquiera, pregúntale a uno de esos hombres de allí si dudas de mí".

«Spør hvem som helst – spør en av de mennene der borte hvis du tviler på meg.»

Mercedes miró a los espectadores con ojos suplicantes y llorosos.

Mercedes så på tilskuerne med bedende, tårevåte øyne.

Su rostro mostraba lo profundamente que odiaba ver cualquier dolor.

Ansiktet hennes viste hvor dypt hun hatet synet av smerte.

"Están débiles, eso es todo", dijo un hombre. "Están agotados".

«De er svake, det er alt», sa en mann. «De er utslitte.»

"Necesitan descansar, han trabajado demasiado tiempo sin descansar".

«De trenger hvile – de har jobbet for lenge uten pause.»

—Maldito sea el resto —murmuró Hal con el labio curvado.

«Forbannet være resten», mumlet Hal med krøllet leppe.

Mercedes jadeó, visiblemente dolida por la grosera palabra que pronunció.

Mercedes gispet, tydelig plaget av de grove ordene fra ham.

Aún así, ella se mantuvo leal y defendió instantáneamente a su hermano.

Likevel forble hun lojal og forsvarte broren sin umiddelbart.

—No le hagas caso a ese hombre —le dijo a Hal—. Son nuestros perros.

«Ikke bry deg om den mannen», sa hun til Hal. «De er hundene våre.»

"Los conduces como mejor te parezca, haz lo que creas correcto".

«Du kjører dem slik du synes passer – gjør det du synes er riktig.»

Hal levantó el látigo y volvió a golpear a los perros sin piedad.

Hal hevet pisken og slo hundene igjen uten nåde.

Se lanzaron hacia adelante, con el cuerpo agachado y los pies hundidos en la nieve.

De kastet seg fremover, med kroppene lavt nede og føttene presset ned i snøen.

Ponían toda su fuerza en tirar, pero el trineo no se movía.

All deres styrke gikk med til å trekke, men sleden beveget seg ikke.

El trineo quedó atascado, como un ancla congelada en la nieve compacta.

Kjelken ble stående fast, som et anker som var frosset fast i den pakkete snøen.

Tras un segundo esfuerzo, los perros se detuvieron de nuevo, jadeando con fuerza.

Etter et nytt forsøk stoppet hundene igjen, pesende kraftig.

Hal levantó el látigo una vez más, justo cuando Mercedes interfirió nuevamente.

Hal hevet pisken nok en gang, akkurat idet Mercedes blandet seg inn igjen.

Ella cayó de rodillas frente a Buck y abrazó su cuello.

Hun falt ned på kne foran Buck og klemte halsen hans.

Las lágrimas llenaron sus ojos mientras le suplicaba al perro exhausto.

Tårer fylte øynene hennes mens hun tryglet den utmattede hunden.

"Pobres queridos", dijo, "¿por qué no tiran más fuerte?"

«Stakkars kjære,» sa hun, «hvorfor drar dere ikke bare hardere?»

"Si tiras, no te azotarán así".

«Hvis du drar, så slipper du å bli pisket slik.»

A Buck no le gustaba Mercedes, pero estaba demasiado cansado para resistirse a ella ahora.

Buck mislikte Mercedes, men han var for sliten til å motstå henne nå.

Él aceptó sus lágrimas como una parte más de ese día miserable.

Han aksepterte tårene hennes som bare enda en del av den elendige dagen.

Uno de los hombres que observaban finalmente habló después de contener su ira.

En av mennene som så på, snakket endelig etter å ha holdt sinnet tilbake.

"No me importa lo que les pase a ustedes, pero esos perros importan".

«Jeg bryr meg ikke om hva som skjer med dere, men hundene betyr noe.»

"Si quieres ayudar, suelta ese trineo: está congelado hasta la nieve".

«Hvis du vil hjelpe til, så løsne den sleden – den er frosset fast i snøen.»

"Presiona con fuerza el polo G, derecha e izquierda, y rompe el sello de hielo".

«Trykk hardt på stangen, til høyre og venstre, og bryt isforseglingen.»

Se hizo un tercer intento, esta vez siguiendo la sugerencia del hombre.

Et tredje forsøk ble gjort, denne gangen etter mannens forslag.

Hal balanceó el trineo de un lado a otro, soltando los patines.

Hal gynget sleden fra side til side, slik at mederne løsnet.

El trineo, aunque sobrecargado y torpe, finalmente avanzó con dificultad.

Sleden, selv om den var overlastet og klossete, svingte endelig fremover.

Buck y los demás tiraron salvajemente, impulsados por una tormenta de latigazos.

Buck og de andre dro vilt, drevet av en storm av nappesleng.

Cien metros más adelante, el sendero se curvaba y descendía hacia la calle.

Hundre meter foran svingte stien og skrånet ut i gaten.

Se hubiera necesitado un conductor habilidoso para mantener el trineo en posición vertical.

Det ville ha krevd en dyktig fører for å holde sleden oppreist.

Hal no era hábil y el trineo se volcó al girar en la curva.

Hal var ikke dyktig, og sleden tippet da den svingte rundt svingen.

Las ataduras sueltas cedieron y la mitad de la carga se derramó sobre la nieve.
Løse surringer ga etter, og halve lasten rant utover snøen.
Los perros no se detuvieron; el trineo, más ligero, siguió volando de lado.
Hundene stoppet ikke; den lettere sleden fløy avgårde på siden.
Enojados por el abuso y la pesada carga, los perros corrieron más rápido.
Sinte etter mishandling og den tunge byrden, løp hundene fortere.
Buck, furioso, echó a correr, con el equipo siguiéndolo detrás.
Buck, i raseri, begynte å løpe, med spannet i hælene.
Hal gritó "¡Guau! ¡Guau!", pero el equipo no le hizo caso.
Hal ropte «Whoa! Whoa!» men teamet brydde seg ikke om ham.
Tropezó, cayó y fue arrastrado por el suelo por el arnés.
Han snublet, falt og ble dratt langs bakken etter selen.
El trineo volcado saltó sobre él mientras los perros corrían delante.
Den veltede sleden dunket over ham mens hundene løp videre.
El resto de los suministros se dispersaron por la concurrida calle de Skaguay.
Resten av forsyningene lå spredt over Skaguays travle gate.
La gente bondadosa se apresuró a detener a los perros y recoger el equipo.
Snille mennesker skyndte seg for å stoppe hundene og samle utstyret.
También dieron consejos, contundentes y prácticos, a los nuevos viajeros.
De ga også råd, direkte og praktiske, til de nye reisende.
"Si quieres llegar a Dawson, lleva la mitad de la carga y el doble de perros".
«Hvis du vil nå Dawson, ta halvparten av lasten og doble hundene.»

Hal, Charles y Mercedes escucharon, aunque no con entusiasmo.
Hal, Charles og Mercedes lyttet, men ikke med entusiasme.
Instalaron su tienda de campaña y comenzaron a clasificar sus suministros.
De slo opp teltet sitt og begynte å sortere utstyret sitt.
Salieron alimentos enlatados, lo que hizo reír a carcajadas a los espectadores.
Ut kom hermetikkvarer, noe som fikk tilskuerne til å le høyt.
"¿Enlatado en el camino? Te morirás de hambre antes de que se derrita", dijo uno.
«Hermetiske ting på stien? Du kommer til å sulte før det smelter», sa en av dem.
¿Mantas de hotel? Mejor tíralas todas.
«Hotelltepper? Det er bedre å kaste dem alle ut.»
"Si también deshazte de la tienda de campaña, aquí nadie lava los platos".
«Kast teltet også, så vasker ingen opp her.»
¿Crees que estás viajando en un tren Pullman con sirvientes a bordo?
«Tror du at du kjører Pullman-tog med tjenere om bord?»
El proceso comenzó: todos los objetos inútiles fueron arrojados a un lado.
Prosessen begynte – alle ubrukelige gjenstander ble kastet til side.
Mercedes lloró cuando sus maletas fueron vaciadas en el suelo nevado.
Mercedes gråt da bagasjen hennes ble tømt ut på den snødekte bakken.
Ella sollozaba por cada objeto que tiraba, uno por uno, sin pausa.
Hun hulket over hver gjenstand som ble kastet ut, én etter én, uten pause.
Ella juró no dar un paso más, ni siquiera por diez Charleses.
Hun sverget på å ikke gå et skritt til – ikke engang for ti karle.
Ella le rogó a cada persona cercana que le permitiera conservar sus cosas preciosas.

Hun tryglet alle i nærheten om å la henne beholde de dyrebare tingene sine.

Por último, se secó los ojos y comenzó a arrojar incluso la ropa más importante.

Til slutt tørket hun øynene og begynte å kaste selv de viktigste klærne.

Cuando terminó con los suyos, comenzó a vaciar los suministros de los hombres.

Da hun var ferdig med sine egne, begynte hun å tømme mennenes forsyninger.

Como un torbellino, destrozó las pertenencias de Charles y Hal.

Som en virvelvind rev hun seg gjennom Charles og Hals eiendeler.

Aunque la carga se redujo a la mitad, todavía era mucho más pesada de lo necesario.

Selv om lasten ble halvert, var den fortsatt langt tyngre enn nødvendig.

Esa noche, Charles y Hal salieron y compraron seis perros nuevos.

Den kvelden dro Charles og Hal ut og kjøpte seks nye hunder.

Estos nuevos perros se unieron a los seis originales, además de Teek y Koona.

Disse nye hundene ble med i de opprinnelige seks, pluss Teek og Koona.

Juntos formaron un equipo de catorce perros enganchados al trineo.

Sammen utgjorde de et spann på fjorten hunder spent for sleden.

Pero los nuevos perros no eran aptos y estaban mal entrenados para el trabajo con trineos.

Men de nye hundene var uskikket og dårlig trent for sledearbeid.

Tres de los perros eran pointers de pelo corto y uno era un Terranova.

Tre av hundene var korthårede pointere, og én var en newfoundlander.

Los dos últimos perros eran mestizos, sin ninguna raza ni propósito claros.
De to siste hundene var muttar utan klar rase eller formål i det heile tatt.

No entendieron el camino y no lo aprendieron rápidamente.
De forsto ikke løypa, og de lærte den ikke raskt.

Buck y sus compañeros los miraron con desprecio y profunda irritación.
Buck og kameratene hans så på dem med hån og dyp irritasjon.

Aunque Buck les enseñó lo que no debían hacer, no podía enseñarles cuál era el deber.
Selv om Buck lærte dem hva de ikke skulle gjøre, kunne han ikke lære dem plikt.

No se adaptaron bien a la vida en senderos ni al tirón de las riendas y los trineos.
De tålte ikke livet på løypa eller tøyler og sleder.

Sólo los mestizos intentaron adaptarse, e incluso a ellos les faltó espíritu de lucha.
Bare blandingsdyrene prøvde å tilpasse seg, og selv de manglet kampånd.

Los demás perros estaban confundidos, debilitados y destrozados por su nueva vida.
De andre hundene var forvirrede, svekkede og knuste av sitt nye liv.

Con los nuevos perros desorientados y los viejos exhaustos, la esperanza era escasa.
Med de nye hundene uvitende og de gamle utslitte, var håpet lite.

El equipo de Buck había recorrido dos mil quinientas millas de senderos difíciles.
Bucks team hadde tilbakelagt 2500 mil med ulendt sti.

Aún así, los dos hombres estaban alegres y orgullosos de su gran equipo de perros.
Likevel var de to mennene blide og stolte av sitt store hundespann.

Creían que viajaban con estilo, con catorce perros enganchados.
De trodde de reiste med stil, med fjorten hunder spent.
Habían visto trineos partir hacia Dawson y otros llegar desde allí.
De hadde sett sleder dra til Dawson, og andre ankomme derfra.
Pero nunca habían visto uno tirado por tantos catorce perros.
Men aldri hadde de sett en trukket av så mange som fjorten hunder.
Había una razón por la que equipos como ese eran raros en el desierto del Ártico.
Det var en grunn til at slike lag var sjeldne i den arktiske villmarken.
Ningún trineo podría transportar suficiente comida para alimentar a catorce perros durante el viaje.
Ingen slede kunne frakte nok mat til å fø fjorten hunder på turen.
Pero Charles y Hal no lo sabían: habían hecho los cálculos.
Men Charles og Hal visste ikke det – de hadde gjort regnestykket.
Planificaron la comida: tanta cantidad por perro, tantos días, y listo.
De skrev ned maten med blyant: så mye per hund, så mange dager, ferdig.
Mercedes miró sus figuras y asintió como si tuviera sentido.
Mercedes så på tallene deres og nikket som om det ga mening.
Todo le parecía muy sencillo, al menos en el papel.
Alt virket veldig enkelt for henne, i hvert fall på papiret.

A la mañana siguiente, Buck guió al equipo lentamente por la calle nevada.
Neste morgen ledet Buck teamet sakte opp den snødekte gaten.
No había energía ni espíritu en él ni en los perros detrás de él.
Det var verken energi eller mot i ham eller hundene bak ham.

Estaban muertos de cansancio desde el principio: no les quedaban reservas.
De var dødsslite fra starten av – det var ingen reserve igjen.
Buck ya había hecho cuatro viajes entre Salt Water y Dawson.
Buck hadde allerede reist fire ganger mellom Salt Water og Dawson.
Ahora, enfrentado nuevamente el mismo desafío, no sentía nada más que amargura.
Nå, stilt overfor den samme sti igjen, følte han ingenting annet enn bitterhet.
Su corazón no estaba en ello, ni tampoco el corazón de los otros perros.
Hans hjerte var ikke med i det, og det var heller ikke hjertene til de andre hundene.
Los nuevos perros eran tímidos y los huskies carecían de confianza.
De nye hundene var sky, og huskyene manglet all tillit.
Buck sintió que no podía confiar en estos dos hombres ni en su hermana.
Buck følte at han ikke kunne stole på disse to mennene eller søsteren deres.
No sabían nada y no mostraron señales de aprender en el camino.
De visste ingenting og viste ingen tegn til å lære underveis.
Estaban desorganizados y carecían de cualquier sentido de disciplina.
De var uorganiserte og manglet enhver sans for disiplin.
Les tomó media noche montar un campamento descuidado cada vez.
Det tok dem halve natten å sette opp en slurvete leir hver gang.
Y la mitad de la mañana siguiente la pasaron otra vez jugueteando con el trineo.
Og halve neste morgen brukte de på å fomle med sleden igjen.
Al mediodía, a menudo se detenían simplemente para arreglar la carga desigual.

Ved middagstid stoppet de ofte bare for å fikse den ujevne lasten.

Algunos días, viajaron menos de diez millas en total.
Noen dager reiste de mindre enn ti mil totalt.

Otros días ni siquiera conseguían salir del campamento.
Andre dager klarte de ikke å forlate leiren i det hele tatt.

Nunca llegaron a cubrir la distancia alimentaria planificada.
De kom aldri i nærheten av å tilbakelegge den planlagte matavstanden.

Como era de esperar, muy rápidamente se quedaron sin comida para los perros.
Som forventet gikk de raskt tom for mat til hundene.

Empeoró las cosas sobrealimentándolos en los primeros días.
De gjorde vondt verre ved å overfôre i begynnelsen.

Esto acercaba la hambruna con cada ración descuidada.
Dette brakte sulten nærmere med hver uforsiktige rasjonering.

Los nuevos perros no habían aprendido a sobrevivir con muy poco.
De nye hundene hadde ikke lært å overleve på særlig lite.

Comieron con hambre, con apetitos demasiado grandes para el camino.
De spiste sultent, med en appetitt som var for stor for stien.

Al ver que los perros se debilitaban, Hal creyó que la comida no era suficiente.
Da Hal så hundene svekke seg, trodde han at maten ikke var nok.

Duplicó las raciones, empeorando aún más el error.
Han doblet rasjonene, noe som gjorde feilen enda verre.

Mercedes añadió más problemas con lágrimas y suaves súplicas.
Mercedes forverret problemet med tårer og lav tryglende bønn.

Cuando no pudo convencer a Hal, alimentó a los perros en secreto.
Da hun ikke klarte å overbevise Hal, matet hun hundene i hemmelighet.

Ella robó de los sacos de pescado y se lo dio a sus espaldas.
Hun stjal fra fiskesekkene og ga det til dem bak ryggen hans.
Pero lo que los perros realmente necesitaban no era más comida: era descanso.
Men det hundene egentlig trengte var ikke mer mat – det var hvile.
Iban a poca velocidad, pero el pesado trineo aún seguía avanzando.
De hadde dårlig tid, men den tunge sleden slepte fortsatt videre.
Ese peso solo les quitaba las fuerzas que les quedaban cada día.
Bare den vekten tappet for den gjenværende styrken hver dag.
Luego vino la etapa de desalimentación ya que los suministros escasearon.
Så kom stadiet med underfôring ettersom forsyningene gikk tom.
Una mañana, Hal se dio cuenta de que la mitad de la comida para perros ya había desaparecido.
Hal innså en morgen at halvparten av hundematen allerede var borte.
Sólo habían recorrido una cuarta parte de la distancia total del recorrido.
De hadde bare tilbakelagt en fjerdedel av den totale distansen på løypa.
No se podía comprar más comida por ningún precio que se ofreciera.
Ikke mer mat kunne kjøpes, uansett hvilken pris som ble tilbudt.
Redujo las raciones de los perros por debajo de la ración diaria estándar.
Han reduserte hundenes porsjoner til under standard daglig rasjon.
Al mismo tiempo, exigió viajes más largos para compensar las pérdidas.
Samtidig krevde han lengre reisetid for å kompensere for tapet.

Mercedes y Carlos apoyaron este plan, pero fracasaron en su ejecución.
Mercedes og Charles støttet denne planen, men mislyktes i gjennomføringen.
Su pesado trineo y su falta de habilidad hicieron que el avance fuera casi imposible.
Den tunge sleden og mangelen på ferdigheter gjorde fremgang nesten umulig.
Era fácil dar menos comida, pero imposible forzar más esfuerzo.
Det var lett å gi mindre mat, men umulig å tvinge frem mer innsats.
No podían salir temprano ni tampoco viajar horas extras.
De kunne ikke starte tidlig, og de kunne heller ikke reise i ekstra timer.
No sabían cómo trabajar con los perros, ni tampoco ellos mismos.
De visste ikke hvordan de skulle jobbe med hundene, og heller ikke seg selv for den saks skyld.
El primer perro que murió fue Dub, el desafortunado pero trabajador ladrón.
Den første hunden som døde var Dub, den uheldige, men hardtarbeidende tyven.
Aunque a menudo lo castigaban, Dub había hecho su parte sin quejarse.
Selv om Dub ofte ble straffet, hadde han holdt sitt strå uten å klage.
Su hombro lesionado empeoró sin cuidados ni necesidad de descanso.
Den skadde skulderen hans ble verre uten pleie eller behov for hvile.
Finalmente, Hal usó el revólver para acabar con el sufrimiento de Dub.
Til slutt brukte Hal revolveren til å få slutt på Dubs lidelse.
Un dicho común afirma que los perros normales mueren con raciones para perros esquimales.

Et vanlig ordtak hevdet at vanlige hunder dør på husky-rasjoner.

Los seis nuevos compañeros de Buck tenían sólo la mitad de la porción de comida del husky.

Bucks seks nye følgesvenner fikk bare halvparten av huskyens andel av mat.

Primero murió el Terranova y después los tres bracos de pelo corto.

Newfoundlanderen døde først, deretter de tre korthårede pointerhundene.

Los dos mestizos resistieron más tiempo pero finalmente perecieron como el resto.

De to blandingsdyrene holdt ut lenger, men omkom til slutt i likhet med resten.

Para entonces, todas las comodidades y la dulzura de Southland habían desaparecido.

På dette tidspunktet var alle fasilitetene og den rolige atmosfæren i Sørlandet borte.

Las tres personas habían perdido los últimos vestigios de su educación civilizada.

De tre menneskene hadde lagt av seg de siste sporene av sin siviliserte oppvekst.

Despojado de glamour y romance, el viaje al Ártico se volvió brutalmente real.

Strippet for glamour og romantikk ble arktiske reiser brutalt virkelige.

Era una realidad demasiado dura para su sentido de masculinidad y feminidad.

Det var en virkelighet som var for hard for deres oppfatning av manndom og kvinnelighet.

Mercedes ya no lloraba por los perros, ahora lloraba sólo por ella misma.

Mercedes gråt ikke lenger over hundene, men nå gråt hun bare over seg selv.

Pasó su tiempo llorando y peleando con Hal y Charles.

Hun brukte tiden sin på å gråte og krangle med Hal og Charles.

Pelear era lo único que nunca estaban demasiado cansados para hacer.
Krangel var det eneste de aldri var for slitne til å gjøre.
Su irritabilidad surgió de la miseria, creció con ella y la superó.
Irritabiliteten deres kom fra elendighet, vokste med den og overgikk den.
La paciencia del camino, conocida por quienes trabajan y sufren con bondad, nunca llegó.
Tålmodigheten på stien, kjent for de som sliter og lider vennlig, kom aldri.
Esa paciencia que conserva dulce la palabra a pesar del dolor les era desconocida.
Den tålmodigheten, som holder talen søt gjennom smerte, var ukjent for dem.
No tenían ni un ápice de paciencia ni la fuerza que suponía sufrir con gracia.
De hadde ikke et snev av tålmodighet, ingen styrke hentet fra lidelse med nåde.
Estaban rígidos por el dolor: les dolían los músculos, los huesos y el corazón.
De var stive av smerter – det var verk i muskler, bein og hjerter.
Por eso se volvieron afilados de lengua y rápidos para usar palabras ásperas.
På grunn av dette ble de skarpe i tungen og snar til harde ord.
Cada día comenzaba y terminaba con voces enojadas y amargas quejas.
Hver dag begynte og sluttet med sinte stemmer og bitre klager.
Charles y Hal discutían cada vez que Mercedes les daba una oportunidad.
Charles og Hal kranglet hver gang Mercedes ga dem en sjanse.
Cada hombre creía que hacía más de lo que le correspondía en el trabajo.
Hver mann mente at han gjorde mer enn sin rettmessige andel av arbeidet.

Ninguno de los dos perdió la oportunidad de decirlo una y otra vez.
Ingen av dem gikk noen gang glipp av en sjanse til å si det, igjen og igjen.
A veces Mercedes se ponía del lado de Charles, a veces del lado de Hal.
Noen ganger tok Mercedes parti med Charles, noen ganger med Hal.
Esto dio lugar a una gran e interminable disputa entre los tres.
Dette førte til en stor og endeløs krangel mellom de tre.
Una disputa sobre quién debería cortar leña se salió de control.
En krangel om hvem som skulle hogge ved kom ut av kontroll.
Pronto se nombraron padres, madres, primos y parientes muertos.
Snart ble fedre, mødre, søskenbarn og avdøde slektninger navngitt.
Las opiniones de Hal sobre el arte o las obras de su tío se convirtieron en parte de la pelea.
Hals syn på kunst eller onkelens skuespill ble en del av kampen.
Las creencias políticas de Charles también entraron en el debate.
Charles' politiske overbevisninger kom også inn i debatten.
Para Mercedes, incluso los chismes de la hermana de su marido parecían relevantes.
For Mercedes virket til og med sladderet fra ektemannens søster relevant.
Ella expresó sus opiniones sobre eso y sobre muchos de los defectos de la familia de Charles.
Hun luftet meninger om det og om mange av Charles' families feil.
Mientras discutían, el fuego permaneció apagado y el campamento medio montado.

Mens de kranglet, forble bålet slukket og leiren halvveis satt opp.
Mientras tanto, los perros permanecieron fríos y sin comida.
I mellomtiden forble hundene kalde og uten mat.
Mercedes tenía un motivo de queja que consideraba profundamente personal.
Mercedes hadde en klage hun anså som svært personlig.
Se sintió maltratada como mujer, negándole sus privilegios de gentileza.
Hun følte seg dårlig behandlet som kvinne, nektet sine milde privilegier.
Ella era bonita y dulce, y acostumbrada a la caballerosidad toda su vida.
Hun var pen og myk, og pleide å være ridderlig hele livet.
Pero su marido y su hermano ahora la trataban con impaciencia.
Men mannen og broren hennes behandlet henne nå med utålmodighet.
Su costumbre era actuar con impotencia y comenzaron a quejarse.
Hennes vane var å oppføre seg hjelpeløs, og de begynte å klage.
Ofendida por esto, les hizo la vida aún más difícil.
Fornærmet av dette gjorde hun livene deres enda vanskeligere.
Ella ignoró a los perros e insistió en montar ella misma el trineo.
Hun ignorerte hundene og insisterte på å kjøre sleden selv.
Aunque parecía ligera de aspecto, pesaba ciento veinte libras.
Selv om hun var lett av utseende, veide hun 45 kilo.
Esa carga adicional era demasiado para los perros hambrientos y débiles.
Den ekstra byrden var for mye for de sultende, svake hundene.
Aún así, ella cabalgó durante días, hasta que los perros se desplomaron en las riendas.

Likevel red hun i dagevis, helt til hundene kollapset i tøylene.
El trineo se detuvo y Charles y Hal le rogaron que caminara.
Sleden sto stille, og Charles og Hal tryglet henne om å gå.
Ellos suplicaron y rogaron, pero ella lloró y los llamó crueles.
De tryglet og tryglet, men hun gråt og kalte dem grusomme.
En una ocasión la sacaron del trineo con pura fuerza y enojo.
Ved en anledning dro de henne av sleden med ren makt og sinne.
Nunca volvieron a intentarlo después de lo que pasó aquella vez.
De prøvde aldri igjen etter det som skjedde den gangen.
Ella se quedó flácida como un niño mimado y se sentó en la nieve.
Hun slapp som et bortskjemt barn og satte seg i snøen.
Ellos siguieron adelante, pero ella se negó a levantarse o seguirlos.
De gikk videre, men hun nektet å reise seg eller følge etter.
Después de tres millas, se detuvieron, regresaron y la llevaron de regreso.
Etter tre mil stoppet de, returnerte og bar henne tilbake.
La volvieron a cargar en el trineo, nuevamente usando la fuerza bruta.
De lastet henne opp på sleden igjen, igjen med rå styrke.
En su profunda miseria, fueron insensibles al sufrimiento de los perros.
I sin dype elendighet var de følelsesløse overfor hundenes lidelse.
Hal creía que uno debía endurecerse y forzar esa creencia a los demás.
Hal mente at man måtte forherdes, og tvang den troen på andre.
Primero intentó predicar su filosofía a su hermana.
Han prøvde først å forkynne filosofien sin til søsteren sin
y luego, sin éxito, le predicó a su cuñado.
og så, uten hell, prekte han for svogeren sin.

Tuvo más éxito con los perros, pero sólo porque los lastimaba.
Han hadde mer suksess med hundene, men bare fordi han skadet dem.
En Five Fingers, la comida para perros se quedó completamente sin comida.
Hos Five Fingers gikk hundeforet helt tomt.
Una vieja india desdentada vendió unas cuantas libras de cuero de caballo congelado
En tannløs gammel squat solgte noen få kilo frossent hesteskinn
Hal cambió su revólver por la piel de caballo seca.
Hal byttet revolveren sin mot det tørkede hesteskinnet.
La carne había procedido de caballos hambrientos de ganaderos meses antes.
Kjøttet hadde kommet fra utsultede hester eller kvegoppdrettere måneder tidligere.
Congelada, la piel era como hierro galvanizado: dura y incomestible.
Frossen var skinnet som galvanisert jern; seigt og uspiselig.
Los perros tenían que masticar sin parar la piel para poder comérsela.
Hundene måtte tygge uendelig på skinnet for å spise det.
Pero las cuerdas correosas y el pelo corto no constituían apenas alimento.
Men de læraktige strengene og det korte håret var neppe næring.
La mayor parte de la piel era irritante y no era alimento en ningún sentido estricto.
Det meste av skinnet var irriterende, og ikke mat i noen egentlig forstand.
Y durante todo ese tiempo, Buck se tambaleaba al frente, como en una pesadilla.
Og gjennom alt dette sjanglet Buck foran, som i et mareritt.
Tiraba cuando podía, y cuando no, se quedaba tendido hasta que un látigo o un garrote lo levantaban.

Han dro når han kunne; når han ikke kunne, lå han til pisken eller køllen løftet ham.

Su fino y brillante pelaje había perdido toda la rigidez y brillo que alguna vez tuvo.

Den fine, blanke pelsen hans hadde mistet all stivhet og glans den en gang hadde.

Su cabello colgaba lacio, enmarañado y cubierto de sangre seca por los golpes.

Håret hans hang slapp, bustete og klumpete av tørket blod etter slagene.

Sus músculos se encogieron hasta convertirse en cuerdas y sus almohadillas de carne estaban todas desgastadas.

Musklene hans krympet til strenger, og kjøttputene hans var slitt bort.

Cada costilla, cada hueso se veía claramente a través de los pliegues de la piel arrugada.

Hvert ribbein, hvert bein syntes tydelig gjennom folder av rynkete hud.

Fue desgarrador, pero el corazón de Buck no podía romperse.

Det var hjerteskjærende, men Bucks hjerte kunne ikke knuses.

El hombre del suéter rojo lo había probado y demostrado hacía mucho tiempo.

Mannen i den røde genseren hadde testet det og bevist det for lenge siden.

Tal como sucedió con Buck, sucedió con el resto de sus compañeros de equipo.

Som det var med Buck, slik var det også med alle hans gjenværende lagkamerater.

Eran siete en total, cada uno de ellos un esqueleto andante de miseria.

Det var sju totalt, hver av dem et vandrende skjelett av elendighet.

Se habían vuelto insensibles a los latigazos y solo sentían un dolor distante.

De hadde blitt numne til å piske, og følte bare fjern smerte.

Incluso la vista y el sonido les llegaban débilmente, como a través de una espesa niebla.
Selv syn og lyd nådde dem svakt, som gjennom en tett tåke.
No estaban ni medio vivos: eran huesos con tenues chispas en su interior.
De var ikke halvt levende – de var bein med svake gnister inni.
Al detenerse, se desplomaron como cadáveres y sus chispas casi desaparecieron.
Da de stoppet, kollapset de som lik, gnistene nesten borte.
Y cuando el látigo o el garrote volvían a golpear, las chispas revoloteaban débilmente.
Og når pisken eller køllen slo igjen, blafret gnistene svakt.
Entonces se levantaron, se tambalearon hacia adelante y arrastraron sus extremidades hacia delante.
Så reiste de seg, sjanglet fremover og dro lemmene sine fremover.
Un día el amable Billee se cayó y ya no pudo levantarse.
En dag falt den snille Billee og kunne ikke reise seg i det hele tatt.
Hal había cambiado su revólver, por lo que utilizó un hacha para matar a Billee.
Hal hadde byttet revolveren sin, så han brukte en øks til å drepe Billee i stedet.
Lo golpeó en la cabeza, luego le cortó el cuerpo y se lo llevó arrastrado.
Han slo ham i hodet, skar deretter løs kroppen hans og dro den bort.
Buck vio esto, y también los demás; sabían que la muerte estaba cerca.
Buck så dette, og det gjorde de andre også; de visste at døden var nær.
Al día siguiente Koona se fue, dejando sólo cinco perros en el equipo hambriento.
Neste dag dro Koona, og etterlot bare fem hunder i det sultende spannet.

Joe, que ya no era malo, estaba demasiado perdido como para darse cuenta de gran cosa.
Joe, ikke lenger slem, var for langt borte til å være klar over stort i det hele tatt.
Pike, que ya no fingía su lesión, estaba apenas consciente.
Pike, som ikke lenger latet som om han var skadet, var knapt bevisst.
Solleks, todavía fiel, lamentó no tener fuerzas para dar.
Solleks, fortsatt trofast, sørget over at han ikke hadde styrke til å gi.
Teek fue el que más perdió porque estaba más fresco, pero su rendimiento se estaba agotando rápidamente.
Teek ble slått mest fordi han var friskere, men forsvant raskt.
Y Buck, todavía a la cabeza, ya no mantenía el orden ni lo hacía cumplir.
Og Buck, fortsatt i ledelsen, opprettholdt eller håndhevet ikke lenger orden.
Medio ciego por la debilidad, Buck siguió el rastro sólo por el tacto.
Halvblind av svakhet fulgte Buck sporet alene på følelsen.
Era un hermoso clima primaveral, pero ninguno de ellos lo notó.
Det var nydelig vårvær, men ingen av dem la merke til det.
Cada día el sol salía más temprano y se ponía más tarde que el anterior.
Hver dag sto solen opp tidligere og gikk ned senere enn før.
A las tres de la mañana ya había amanecido; el crepúsculo duró hasta las nueve.
Klokken tre om morgenen kom daggryet, og skumringen varte til klokken ni.
Los largos días estuvieron llenos del resplandor del sol primaveral.
De lange dagene var fylt med den fulle strålen av vårsol.
El silencio fantasmal del invierno se había transformado en un cálido murmullo.
Vinterens spøkelsesaktige stillhet hadde forvandlet seg til en varm mumling.

Toda la tierra estaba despertando, viva con la alegría de los seres vivos.
Hele landet våknet, levende av gleden over levende vesener.
El sonido provenía de lo que había permanecido muerto e inmóvil durante el invierno.
Lyden kom fra det som hadde ligget dødt og stille gjennom vinteren.
Ahora, esas cosas se movieron nuevamente, sacudiéndose el largo sueño helado.
Nå beveget disse tingene seg igjen og ristet av seg den lange frostsøvnen.
La savia subía a través de los oscuros troncos de los pinos que esperaban.
Sevje steg opp gjennom de mørke stammene til de ventende furutrærne.
Los sauces y los álamos brotan brillantes y jóvenes brotes en cada ramita.
Piletrær og osp får lyse, unge knopper på hver kvist.
Los arbustos y las enredaderas se vistieron de un verde fresco a medida que el bosque cobraba vida.
Busker og slyngplanter fikk friskt grønt idet skogen våknet til liv.
Los grillos cantaban por la noche y los insectos se arrastraban bajo el sol del día.
Sirisser kvitret om natten, og insekter krøp i dagslyssolen.
Las perdices graznaban y los pájaros carpinteros picoteaban en lo profundo de los árboles.
Rapphønsene dundret, og hakkespetter banket dypt oppe i trærne.
Las ardillas parloteaban, los pájaros cantaban y los gansos graznaban al hablarles a los perros.
Ekorn klukket, fugler sang, og gjess tutet over hundene.
Las aves silvestres llegaron en grupos afilados, volando desde el sur.
Villfuglene kom i skarpe flokker, fløyende opp fra sør.
De cada ladera llegaba la música de arroyos ocultos y caudalosos.

Fra hver åsside kom musikken fra skjulte, brusende bekker.
Todas las cosas se descongelaron y se rompieron, se doblaron y volvieron a ponerse en movimiento.
Alt tint og knakk, bøyde seg og brast i bevegelse igjen.
El Yukón se esforzó por romper las frías cadenas del hielo congelado.
Yukon anstrengte seg for å bryte de kalde kjedene av frossen is.
El hielo se derritió desde abajo, mientras que el sol lo derritió desde arriba.
Isen smeltet under, mens solen smeltet den ovenfra.
Se abrieron agujeros de aire, se abrieron grietas y algunos trozos cayeron al río.
Lufthull åpnet seg, sprekker spredte seg, og biter falt ned i elven.
En medio de toda esta vida frenética y llameante, los viajeros se tambaleaban.
Midt i alt dette sprudlende og flammende livet vaklet de reisende.
Dos hombres, una mujer y una jauría de perros esquimales caminaban como muertos.
To menn, en kvinne og en flokk huskyer gikk som døde.
Los perros caían, Mercedes lloraba, pero seguía montando el trineo.
Hundene falt, Mercedes gråt, men kjørte fortsatt sleden.
Hal maldijo débilmente y Charles parpadeó con los ojos llorosos.
Hal bannet svakt, og Charles blunket gjennom rennende øyne.
Se toparon con el campamento de John Thornton junto a la desembocadura del río Blanco.
De snublet inn i John Thorntons leir ved White Rivers munning.
Cuando se detuvieron, los perros cayeron al suelo, como si todos hubieran muerto.
Da de stoppet, falt hundene flate, som om alle hadde slått døde.
Mercedes se secó las lágrimas y miró a John Thornton.

Mercedes tørket tårene og så bort på John Thornton.
Charles se sentó en un tronco, lenta y rígidamente, dolorido por el camino.
Charles satt på en tømmerstokk, sakte og stivt, verkende etter stien.
Hal habló mientras Thornton tallaba el extremo del mango de un hacha.
Hal snakket mens Thornton skar ut enden av et økseskaft.
Él tallaba madera de abedul y respondía con respuestas breves y firmes.
Han hogde bjørkeved og svarte med korte, bestemte svar.
Cuando se le preguntó, dio consejos, seguro de que no serían seguidos.
Da han ble spurt, ga han råd, sikker på at det ikke kom til å bli fulgt.
Hal explicó: "Nos dijeron que el hielo del sendero se estaba desprendiendo".
Hal forklarte: «De fortalte oss at isen på stien var i ferd med å falle av.»
Dijeron que nos quedáramos allí, pero llegamos a White River.
«De sa at vi skulle bli her – men vi kom oss til White River.»
Terminó con un tono burlón, como para proclamar la victoria en medio de las dificultades.
Han avsluttet med en hånlig tone, som for å hevde seier i motgang.
—Y te dijeron la verdad —respondió John Thornton a Hal en voz baja.
«Og de fortalte deg sant», svarte John Thornton stille til Hal.
"El hielo puede ceder en cualquier momento; está a punto de desprenderse".
«Isen kan gi etter når som helst – den er klar til å falle av.»
"Solo la suerte ciega y los tontos pudieron haber llegado tan lejos con vida".
«Bare blind flaks og dårer kunne ha kommet så langt i live.»
"Te lo digo directamente: no arriesgaría mi vida ni por todo el oro de Alaska".

«Jeg sier deg rett ut, jeg ville ikke risikere livet mitt for alt gullet i Alaska.»

—Supongo que es porque no eres tonto —respondió Hal.

«Det er fordi du ikke er en tosk, antar jeg», svarte Hal.

—De todos modos, seguiremos hasta Dawson. —Desenrolló el látigo.

«Likevel går vi videre til Dawson.» Han viklet ut pisken.

—¡Sube, Buck! ¡Hola! ¡Sube! ¡Vamos! —gritó con dureza.

«Kom deg opp, Buck! Hei! Kom deg opp! Kom igjen!» ropte han hardt.

Thornton siguió tallando madera, sabiendo que los tontos no escucharían razones.

Thornton fortsatte å snike, vel vitende om at dårer ikke vil høre på fornuft.

Detener a un tonto era inútil, y dos o tres tontos no cambiaban nada.

Å stoppe en tosk var nytteløst – og to eller tre narrede forandret ingenting.

Pero el equipo no se movió ante la orden de Hal.

Men laget rørte seg ikke ved lyden av Hals kommando.

A estas alturas, sólo los golpes podían hacerlos levantarse y avanzar.

Nå var det bare slag som kunne få dem til å reise seg og trekke seg fremover.

El látigo golpeó una y otra vez a los perros debilitados.

Pisken smalt igjen og igjen over de svekkede hundene.

John Thornton apretó los labios con fuerza y observó en silencio.

John Thornton presset leppene tett sammen og så på i stillhet.

Solleks fue el primero en ponerse de pie bajo el látigo.

Solleks var den første som krøp opp på beina under piskingen.

Entonces Teek lo siguió, temblando. Joe gritó al tambalearse.

Så fulgte Teek etter, skjelvende. Joe hylte idet han snublet opp.

Pike intentó levantarse, falló dos veces y finalmente se mantuvo en pie, tambaleándose.

Pike prøvde å reise seg, mislyktes to ganger, og sto til slutt ustø.

Pero Buck yacía donde había caído, sin moverse en absoluto este momento.
Men Buck lå der han hadde falt, og rørte seg ikke i det hele tatt denne gangen.
El látigo lo golpeaba una y otra vez, pero él no emitía ningún sonido.
Pisken slo ham om og om igjen, men han lagde ingen lyd.
Él no se inmutó ni se resistió, simplemente permaneció quieto y en silencio.
Han verken rykket til eller gjorde motstand, bare forble stille og rolig.
Thornton se movió más de una vez, como si fuera a hablar, pero no lo hizo.
Thornton rørte på seg mer enn én gang, som for å snakke, men gjorde det ikke.
Sus ojos se humedecieron y el látigo siguió golpeando contra Buck.
Øynene hans ble våte, og pisken smalt fortsatt mot Buck.
Finalmente, Thornton comenzó a caminar lentamente, sin saber qué hacer.
Endelig begynte Thornton å gå sakte frem og tilbake, usikker på hva han skulle gjøre.
Era la primera vez que Buck fallaba y Hal se puso furioso.
Det var første gang Buck hadde mislyktes, og Hal ble rasende.
Dejó el látigo y en su lugar tomó el pesado garrote.
Han kastet pisken og plukket opp den tunge køllen i stedet.
El palo de madera cayó con fuerza, pero Buck todavía no se levantó para moverse.
Trekøllen falt hardt ned, men Buck reiste seg fortsatt ikke for å røre seg.
Al igual que sus compañeros de equipo, era demasiado débil, pero más que eso.
I likhet med lagkameratene var han for svak – men mer enn det.
Buck había decidido no moverse, sin importar lo que sucediera después.

Buck hadde bestemt seg for ikke å flytte, uansett hva som skjedde etterpå.
Sintió algo oscuro y seguro flotando justo delante.
Han følte noe mørkt og sikkert sveve rett foran ham.
Ese miedo se apoderó de él tan pronto como llegó a la orilla del río.
Den frykten hadde grepet ham så snart han nådde elvebredden.
La sensación no lo había abandonado desde que sintió el hielo fino bajo sus patas.
Følelsen hadde ikke forlatt ham siden han kjente isen tynne under potene.
Algo terrible lo esperaba; lo sintió más allá del camino.
Noe forferdelig ventet – han kjente det rett nede langs stien.
No iba a caminar hacia esa cosa terrible que había delante.
Han hadde ikke tenkt å gå mot den forferdelige tingen foran seg.
Él no iba a obedecer ninguna orden que lo llevara a esa cosa.
Han kom ikke til å adlyde noen kommando som førte ham til den tingen.
El dolor de los golpes apenas lo afectaba ahora: estaba demasiado lejos.
Smerten fra slagene berørte ham knapt nå – han var for langt borte.
La chispa de la vida parpadeaba débilmente y se apagaba bajo cada golpe cruel.
Livsgnisten blafret lavt, dempet under hvert grusomme slag.
Sus extremidades se sentían distantes; su cuerpo entero parecía pertenecer a otro.
Lemmene hans føltes fjerne; hele kroppen hans syntes å tilhøre en annen.
Sintió un extraño entumecimiento mientras el dolor desapareció por completo.
Han kjente en merkelig nummenhet idet smerten forsvant helt.
Desde lejos, sentía que lo golpeaban, pero apenas lo sabía.
Langt unna følte han at han ble slått, men han visste det knapt.

Podía oír los golpes débilmente, pero ya no dolían realmente.
Han kunne høre dunkene svakt, men de gjorde ikke lenger ordentlig vondt.
Los golpes dieron en el blanco, pero su cuerpo ya no parecía el suyo.
Slagene traff, men kroppen hans føltes ikke lenger som sin egen.
Entonces, de repente y sin previo aviso, John Thornton lanzó un grito salvaje.
Så plutselig, uten forvarsel, hylte John Thornton et vilt skrik.
Era un grito inarticulado, más el grito de una bestia que el de un hombre.
Det var uartikulert, mer skriket fra et dyr enn fra et menneske.
Saltó hacia el hombre con el garrote y tiró a Hal hacia atrás.
Han hoppet mot mannen med køllen og slo Hal bakover.
Hal voló como si lo hubiera golpeado un árbol y aterrizó con fuerza en el suelo.
Hal fløy som om han var blitt truffet av et tre og landet hardt på bakken.
Mercedes gritó en pánico y se llevó las manos a la cara.
Mercedes skrek høyt i panikk og klamret seg til ansiktet hennes.
Charles se limitó a mirar, se secó los ojos y permaneció sentado.
Charles bare så på, tørket øynene og ble sittende.
Su cuerpo estaba demasiado rígido por el dolor para levantarse o ayudar en la pelea.
Kroppen hans var for stiv av smerter til å reise seg eller hjelpe til i kampen.
Thornton se quedó de pie junto a Buck, temblando de furia, incapaz de hablar.
Thornton sto over Buck, skjelvende av raseri, ute av stand til å snakke.
Se estremeció de rabia y luchó por encontrar su voz a través de ella.

Han skalv av raseri og kjempet for å finne stemmen sin gjennom det.

—Si vuelves a golpear a ese perro, te mataré —dijo finalmente.

«Hvis du slår den hunden igjen, dreper jeg deg», sa han til slutt.

Hal se limpió la sangre de la boca y volvió a avanzar.

Hal tørket blodet av munnen og kom frem igjen.

—Es mi perro —murmuró—. ¡Quítate del medio o te curaré!

«Det er hunden min», mumlet han. «Kom deg unna, ellers fikser jeg deg.»

"Voy a Dawson y no me lo vas a impedir", añadió.

«Jeg skal til Dawson, og du stopper meg ikke», la han til.

Thornton se mantuvo firme entre Buck y el joven enojado.

Thornton sto stødig mellom Buck og den sinte unge mannen.

No tenía intención de hacerse a un lado o dejar pasar a Hal.

Han hadde ingen intensjon om å tre til side eller la Hal gå forbi.

Hal sacó su cuchillo de caza, largo y peligroso en la mano.

Hal dro frem jaktkniven sin, lang og farlig i hånden.

Mercedes gritó, luego lloró y luego rió con una histeria salvaje.

Mercedes skrek, så gråt, så lo hun i vill hysteri.

Thornton golpeó la mano de Hal con el mango de su hacha, fuerte y rápido.

Thornton slo Hals hånd med økseskaftet, hardt og raskt.

El cuchillo se soltó del agarre de Hal y voló al suelo.

Kniven ble slått løs fra Hals grep og fløy i bakken.

Hal intentó recoger el cuchillo y Thornton volvió a golpearle los nudillos.

Hal prøvde å plukke opp kniven, og Thornton banket seg på knokene igjen.

Entonces Thornton se agachó, agarró el cuchillo y lo sostuvo.

Så bøyde Thornton seg ned, grep kniven og holdt den.

Con dos rápidos golpes del mango del hacha, cortó las riendas de Buck.

Med to raske hugg med økseskaftet hogg han av Bucks tøyler.

Hal ya no tenía fuerzas para luchar y se apartó del perro.
Hal hadde ikke mer kampvilje i seg og trakk seg tilbake fra hunden.
Además, Mercedes necesitaba ahora ambos brazos para mantenerse erguida.
Dessuten trengte Mercedes begge armene nå for å holde seg oppreist.
Buck estaba demasiado cerca de la muerte como para volver a ser útil para tirar de un trineo.
Buck var for nær døden til å være til nytte for å trekke en slede igjen.
Unos minutos después, se marcharon y se dirigieron río abajo.
Noen minutter senere dro de ut og satte kursen nedover elven.
Buck levantó la cabeza débilmente y los observó mientras salían del banco.
Buck løftet hodet svakt og så dem forlate banken.
Pike lideró el equipo, con Solleks en la parte trasera, al volante.
Pike ledet laget, med Solleks bakerst i rattet.
Joe y Teek caminaron entre ellos, ambos cojeando por el cansancio.
Joe og Teek gikk mellom dem, begge haltende av utmattelse.
Mercedes se sentó en el trineo y Hal agarró el largo palo.
Mercedes satte seg på sleden, og Hal grep tak i den lange gee-stangen.
Charles se tambaleó detrás, sus pasos torpes e inseguros.
Charles snublet bak, med klønete og usikre skritt.
Thornton se arrodilló junto a Buck y buscó con delicadeza los huesos rotos.
Thornton knelte ved siden av Buck og kjente forsiktig etter brukne bein.
Sus manos eran ásperas pero se movían con amabilidad y cuidado.
Hendene hans var ru, men beveget seg med vennlighet og omsorg.

El cuerpo de Buck estaba magullado pero no mostraba lesiones duraderas.
Bucks kropp var forslått, men viste ingen varige skader.
Lo que quedó fue un hambre terrible y una debilidad casi total.
Det som var igjen var forferdelig sult og nesten total svakhet.
Cuando esto quedó claro, el trineo ya había avanzado mucho río abajo.
Da dette var klart, hadde sleden gått langt nedover elva.
El hombre y el perro observaron cómo el trineo se deslizaba lentamente sobre el hielo agrietado.
Mann og hund så sleden sakte krype over den knakende isen.
Luego vieron que el trineo se hundía en un hueco.
Så så de sleden synke ned i en fordypning.
El mástil voló hacia arriba, con Hal todavía aferrándose a él en vano.
Gee-stangen fløy opp, og Hal klamret seg fortsatt forgjeves til den.
El grito de Mercedes les llegó a través de la fría distancia.
Mercedes' skrik nådde dem over den kalde avstanden.
Charles se giró y dio un paso atrás, pero ya era demasiado tarde.
Charles snudde seg og tok et skritt tilbake – men han var for sent ute.
Una capa de hielo entera cedió y todos ellos cayeron al suelo.
En hel isflak ga etter, og de falt alle gjennom.
Los perros, los trineos y las personas desaparecieron en el agua negra que había debajo.
Hunder, slede og mennesker forsvant ned i det svarte vannet nedenfor.
En el hielo por donde habían pasado sólo quedaba un amplio agujero.
Bare et bredt hull i isen var igjen der de hadde passert.
El sendero se había hundido por completo, tal como Thornton había advertido.
Bunnen av stien hadde falt ut – akkurat som Thornton advarte.

Thornton y Buck se miraron el uno al otro y guardaron silencio por un momento.
Thornton og Buck så tause på hverandre et øyeblikk.
—Pobre diablo —dijo Thornton suavemente, y Buck le lamió la mano.
«Din stakkars djevel,» sa Thornton lavt, og Buck slikket seg på hånden.

Por el amor de un hombre
For kjærligheten til en mann

John Thornton se congeló los pies en el frío del diciembre anterior.
John Thornton frøs føttene i kulden i desember før.
Sus compañeros lo hicieron sentir cómodo y lo dejaron recuperarse solo.
Partnerne hans sørget for at han var komfortabel og lot ham komme seg alene.
Subieron al río para recoger una balsa de troncos para aserrar para Dawson.
De dro oppover elven for å samle en flåte med sagstokker til Dawson.
Todavía cojeaba ligeramente cuando rescató a Buck de la muerte.
Han haltet fortsatt litt da han reddet Buck fra døden.
Pero como el clima cálido continuó, incluso esa cojera desapareció.
Men med det fortsatte varme været, forsvant selv den haltingen.
Durante los largos días de primavera, Buck descansaba a orillas del río.
Buck hvilte mens han lå ved elvebredden i løpet av lange vårdager.
Observó el agua fluir y escuchó a los pájaros y a los insectos.
Han så på det rennende vannet og lyttet til fugler og insekter.
Lentamente, Buck recuperó su fuerza bajo el sol y el cielo.
Sakte men sikkert gjenvant Buck kreftene sine under solen og himmelen.
Un descanso fue maravilloso después de viajar tres mil millas.
En hvile føltes fantastisk etter å ha reist tre tusen mil.
Buck se volvió perezoso a medida que sus heridas sanaban y su cuerpo se llenaba.
Buck ble lat etter hvert som sårene hans grodde og kroppen hans fyltes opp.

Sus músculos se reafirmaron y la carne volvió a cubrir sus huesos.
Musklene hans ble faste, og kjøttet dekket knoklene hans igjen.
Todos estaban descansando: Buck, Thornton, Skeet y Nig.
De hvilte alle – Buck, Thornton, Skeet og Nig.
Esperaron la balsa que los llevaría a Dawson.
De ventet på flåten som skulle frakte dem ned til Dawson.
Skeet era un pequeño setter irlandés que se hizo amigo de Buck.
Skeet var en liten irsk setter som ble venner med Buck.
Buck estaba demasiado débil y enfermo para resistirse a ella en su primer encuentro.
Buck var for svak og syk til å motstå henne ved deres første møte.
Skeet tenía el rasgo de sanador que algunos perros poseen naturalmente.
Skeet hadde den helbredende egenskapen som noen hunder naturlig har.
Como una gata madre, lamió y limpió las heridas abiertas de Buck.
Som en kattemor slikket og renset hun Bucks sår.
Todas las mañanas, después del desayuno, repetía su minucioso trabajo.
Hver morgen etter frokost gjentok hun sitt nøye arbeid.
Buck llegó a esperar su ayuda tanto como la de Thornton.
Buck forventet hennes hjelp like mye som han forventet Thorntons hjelp.
Nig también era amigable, pero menos abierto y menos cariñoso.
Nig var også vennlig, men mindre åpen og mindre hengiven.
Nig era un perro grande y negro, mitad sabueso y mitad lebrel.
Nig var en stor svart hund, delvis blodhund og delvis hjortehund.
Tenía ojos sonrientes y un espíritu bondadoso sin límites.
Han hadde leende øyne og en uendelig godhet i sinnet sitt.

Para sorpresa de Buck, ninguno de los perros mostró celos hacia él.
Til Bucks overraskelse viste ingen av hundene sjalusi mot ham.

Tanto Skeet como Nig compartieron la amabilidad de John Thornton.
Både Skeet og Nig delte John Thorntons vennlighet.

A medida que Buck se hacía más fuerte, lo atrajeron hacia juegos de perros tontos.
Etter hvert som Buck ble sterkere, lokket de ham med på tåpelige hundeleker.

Thornton también jugaba a menudo con ellos, incapaz de resistirse a su alegría.
Thornton lekte ofte med dem også, ute av stand til å motstå gleden deres.

De esta manera lúdica, Buck pasó de la enfermedad a una nueva vida.
På denne lekne måten gikk Buck fra sykdom til et nytt liv.

El amor, el amor verdadero, ardiente y apasionado, finalmente era suyo.
Kjærligheten – ekte, brennende og lidenskapelig kjærlighet – var endelig hans.

Nunca había conocido ese tipo de amor en la finca de Miller.
Han hadde aldri kjent denne typen kjærlighet på Millers eiendom.

Con los hijos del Juez había compartido trabajo y aventuras.
Med dommerens sønner hadde han delt arbeid og eventyr.

En los nietos vio un orgullo rígido y jactancioso.
Hos barnebarna så han stiv og skrytende stolthet.

Con el propio juez Miller mantuvo una amistad respetuosa.
Med dommer Miller selv hadde han et respektfullt vennskap.

Pero el amor que era fuego, locura y adoración llegó con Thornton.
Men kjærlighet som var ild, galskap og tilbedelse kom med Thornton.

Este hombre había salvado la vida de Buck, y eso solo significaba mucho.

Denne mannen hadde reddet Bucks liv, og det alene betydde mye.

Pero más que eso, John Thornton era el tipo de maestro ideal.

Men mer enn det, var John Thornton den ideelle typen mester.

Otros hombres cuidaban perros por obligación o necesidad laboral.

Andre menn tok seg av hunder av plikt eller forretningsmessig nødvendighet.

John Thornton cuidaba a sus perros como si fueran sus hijos.

John Thornton tok vare på hundene sine som om de var barna hans.

Él se preocupaba por ellos porque los amaba y simplemente no podía evitarlo.

Han brydde seg om dem fordi han elsket dem og rett og slett ikke kunne noe for det.

John Thornton vio incluso más lejos de lo que la mayoría de los hombres lograron ver.

John Thornton så enda lenger enn de fleste menn noen gang klarte å se.

Nunca se olvidó de saludarlos amablemente o decirles alguna palabra de aliento.

Han glemte aldri å hilse vennlig på dem eller si et oppmuntrende ord.

Le encantaba sentarse con los perros para tener largas charlas, o "gases", como él decía.

Han elsket å sitte ned med hundene for lange samtaler, eller «gassy», som han sa.

Le gustaba agarrar bruscamente la cabeza de Buck entre sus fuertes manos.

Han likte å gripe Bucks hode hardt mellom sine sterke hender.

Luego apoyó su cabeza contra la de Buck y lo sacudió suavemente.

Så hvilte han hodet mot Bucks og ristet ham forsiktig.

Mientras tanto, él llamaba a Buck con nombres groseros que significaban amor para Buck.

Hele tiden kalte han Buck frekke navn som betydde kjærlighet for Buck.

Para Buck, ese fuerte abrazo y esas palabras le trajeron una profunda alegría.

For Buck brakte den harde omfavnelsen og de ordene dyp glede.

Su corazón parecía latir con fuerza de felicidad con cada movimiento.

Hjertet hans syntes å riste løs av lykke ved hver bevegelse.

Cuando se levantó de un salto, su boca parecía como si se estuviera riendo.

Da han spratt opp etterpå, så det ut som om munnen hans lo.

Sus ojos brillaban intensamente y su garganta temblaba con una alegría tácita.

Øynene hans skinte klart, og halsen hans skalv av uuttalt glede.

Su sonrisa se detuvo en ese estado de emoción y afecto resplandeciente.

Smilet hans sto stille i den følelsesmessige og glødende hengivenheten.

Entonces Thornton exclamó pensativo: "¡Dios! ¡Casi puede hablar!"

Så utbrøt Thornton tankefullt: «Herregud! han kan nesten snakke!»

Buck tenía una extraña forma de expresar amor que casi causaba dolor.

Buck hadde en merkelig måte å uttrykke kjærlighet på som nesten forårsaket smerte.

A menudo apretaba muy fuerte la mano de Thornton entre los dientes.

Han grep ofte Thorntons hånd veldig hardt mellom tennene.

La mordedura iba a dejar marcas profundas que permanecerían durante algún tiempo.

Bittet kom til å sette dype spor som ble værende en stund etterpå.

Buck creía que esos juramentos eran de amor y Thornton lo sabía también.

Buck trodde at disse edene var kjærlighet, og Thornton visste det samme.

La mayoría de las veces, el amor de Buck se demostraba en una adoración silenciosa, casi silenciosa.

Som oftest viste Bucks kjærlighet seg i stille, nesten stille tilbedelse.

Aunque se emocionaba cuando lo tocaban o le hablaban, no buscaba atención.

Selv om han ble begeistret når han ble berørt eller snakket til, søkte han ikke oppmerksomhet.

Skeet empujó su nariz bajo la mano de Thornton hasta que él la acarició.

Skeet dyttet nesen sin under Thorntons hånd til han klappet henne.

Nig se acercó en silencio y apoyó su gran cabeza en la rodilla de Thornton.

Nig gikk stille bort og hvilte sitt store hode på Thorntons kne.

Buck, por el contrario, se conformaba con amar desde una distancia respetuosa.

Buck, derimot, var fornøyd med å elske fra en respektfull avstand.

Durante horas permaneció tendido a los pies de Thornton, alerta y observando atentamente.

Han lå i timevis ved Thorntons føtter, årvåken og observerende.

Buck estudió cada detalle del rostro de su amo y su más mínimo movimiento.

Buck studerte hver eneste detalj i sin herres ansikt og minste bevegelse.

O yacía más lejos, estudiando la figura del hombre en silencio.

Eller løy lenger unna, og studerte mannens skikkelse i stillhet.

Buck observó cada pequeño movimiento, cada cambio de postura o gesto.

Buck så på hver lille bevegelse, hver endring i holdning eller gest.

Tan poderosa era esta conexión que a menudo atraía la mirada de Thornton.
Denne forbindelsen var så sterk at den ofte fanget Thorntons blikk.
Sostuvo la mirada de Buck sin palabras, pero el amor brillaba claramente a través de ella.
Han møtte Bucks blikk uten ord, kjærligheten skinte klart gjennom.
Durante mucho tiempo después de ser salvado, Buck nunca perdió de vista a Thornton.
I lang tid etter at han ble reddet, lot Buck aldri Thornton være ute av syne.
Cada vez que Thornton salía de la tienda, Buck lo seguía de cerca afuera.
Hver gang Thornton forlot teltet, fulgte Buck ham tett ut.
Todos los amos severos de las Tierras del Norte habían hecho que Buck tuviera miedo de confiar.
Alle de harde herrene i Nordlandet hadde gjort Buck redd for å stole på ham.
Temía que ningún hombre pudiera seguir siendo su amo durante más de un corto tiempo.
Han fryktet at ingen mann kunne forbli hans herre i mer enn en kort tid.
Temía que John Thornton desapareciera como Perrault y François.
Han fryktet at John Thornton kom til å forsvinne i likhet med Perrault og François.
Incluso por la noche, el miedo a perderlo acechaba el sueño inquieto de Buck.
Selv om natten hjemsøkte frykten for å miste ham Bucks urolige søvn.
Cuando Buck se despertó, salió a escondidas al frío y fue a la tienda de campaña.
Da Buck våknet, krøp han ut i kulden og gikk til teltet.
Escuchó atentamente el suave sonido de la respiración en su interior.
Han lyttet nøye etter den myke lyden av pust inni seg.

A pesar del profundo amor de Buck por John Thornton, lo salvaje siguió vivo.
Til tross for Bucks dype kjærlighet til John Thornton, holdt villmarken seg i live.
Ese instinto primitivo, despertado en el Norte, no desapareció.
Det primitive instinktet, vekket i Nord, forsvant ikke.
El amor trajo devoción, lealtad y el cálido vínculo del fuego.
Kjærlighet brakte hengivenhet, lojalitet og peisens varme bånd.
Pero Buck también mantuvo sus instintos salvajes, agudos y siempre alerta.
Men Buck beholdt også sine ville instinkter, skarpe og alltid årvåkne.
No era sólo una mascota domesticada de las suaves tierras de la civilización.
Han var ikke bare et temmet kjæledyr fra sivilisasjonens myke land.
Buck era un ser salvaje que había venido a sentarse junto al fuego de Thornton.
Buck var et villvesen som hadde kommet inn for å sitte ved Thorntons bål.
Parecía un perro del Sur, pero en su interior vivía lo salvaje.
Han så ut som en sørlandshund, men det levde villskap i ham.
Su amor por Thornton era demasiado grande como para permitirle robarle algo.
Hans kjærlighet til Thornton var for stor til å tillate tyveri fra mannen.
Pero en cualquier otro campamento, robaría con valentía y sin pausa.
Men i enhver annen leir ville han stjele frimodig og uten stopp.
Era tan astuto al robar que nadie podía atraparlo ni acusarlo.
Han var så lur i å stjele at ingen kunne fange eller anklage ham.
Su rostro y su cuerpo estaban cubiertos de cicatrices de muchas peleas pasadas.

Ansiktet og kroppen hans var dekket av arr fra mange tidligere kamper.

Buck seguía luchando con fiereza, pero ahora luchaba con más astucia.

Buck kjempet fortsatt voldsomt, men nå kjempet han med mer list.

Skeet y Nig eran demasiado amables para pelear, y eran de Thornton.

Skeet og Nig var for snille til å slåss, og de var Thorntons.

Pero cualquier perro extraño, por fuerte o valiente que fuese, cedía.

Men enhver fremmed hund, uansett hvor sterk eller modig den var, ga etter.

De lo contrario, el perro se encontraría luchando contra Buck; luchando por su vida.

Ellers måtte hunden kjempe mot Buck; kjempe for livet sitt.

Buck no tuvo piedad una vez que decidió pelear contra otro perro.

Buck viste ingen nåde da han valgte å kjempe mot en annen hund.

Había aprendido bien la ley del garrote y el colmillo en las Tierras del Norte.

Han hadde lært seg loven om kølle og hoggtenner godt i Nordlandet.

Él nunca renunció a una ventaja y nunca se retractó de la batalla.

Han ga aldri fra seg et forsprang og trakk seg aldri tilbake fra kamp.

Había estudiado a los Spitz y a los perros más feroces del correo y de la policía.

Han hadde studert spisshund og de mest voldsomme post- og politihundene.

Sabía claramente que no había término medio en un combate salvaje.

Han visste tydelig at det ikke fantes noen mellomvei i vill kamp.

Él debía gobernar o ser gobernado; mostrar misericordia significaba mostrar debilidad.
Han måtte herske eller bli styrt; å vise barmhjertighet betydde å vise svakhet.

Mercy era una desconocida en el crudo y brutal mundo de la supervivencia.
Barmhjertighet var ukjent i den rå og brutale overlevelsesverdenen.

Mostrar misericordia era visto como miedo, y el miedo conducía rápidamente a la muerte.
Å vise barmhjertighet ble sett på som frykt, og frykt førte raskt til døden.

La antigua ley era simple: matar o ser asesinado, comer o ser comido.
Den gamle loven var enkel: drep eller bli drept, spis eller bli spist.

Esa ley vino desde las profundidades del tiempo, y Buck la siguió plenamente.
Den loven kom fra tidens dyp, og Buck fulgte den fullt ut.

Buck era mayor que su edad y el número de respiraciones que tomaba.
Buck var eldre enn årene han var og antall åndedrag han tok.

Conectó claramente el pasado antiguo con el momento presente.
Han koblet den gamle fortiden tydelig til nåtiden.

Los ritmos profundos de las épocas lo atravesaban como mareas.
Tidenes dype rytmer beveget seg gjennom ham som tidevannet.

El tiempo latía en su sangre con la misma seguridad con la que las estaciones movían la tierra.
Tiden pulserte i blodet hans like sikkert som årstidene beveget jorden.

Se sentó junto al fuego de Thornton, con el pecho fuerte y los colmillos blancos.
Han satt ved Thorntons peis, med kraftig bryst og hvite hoggtenner.

Su largo pelaje ondeaba, pero detrás de él los espíritus de los perros salvajes observaban.
Den lange pelsen hans blafret, men bak ham så ville hunders ånder på.
Lobos medio y lobos completos se agitaron dentro de su corazón y sus sentidos.
Halvulver og hele ulver rørte seg i hjertet og sansene hans.
Probaron su carne y bebieron la misma agua que él.
De smakte på kjøttet hans og drakk det samme vannet som han gjorde.
Olfatearon el viento junto a él y escucharon el bosque.
De snuste i vinden ved siden av ham og lyttet til skogen.
Susurraron los significados de los sonidos salvajes en la oscuridad.
De hvisket betydningen av de ville lydene i mørket.
Ellos moldearon sus estados de ánimo y guiaron cada una de sus reacciones tranquilas.
De formet humøret hans og styrte hver av hans stille reaksjoner.
Se quedaron con él mientras dormía y se convirtieron en parte de sus sueños más profundos.
De lå hos ham mens han sov, og ble en del av hans dype drømmer.
Soñaron con él, más allá de él, y constituyeron su propio espíritu.
De drømte med ham, forbi ham, og skapte selve hans ånd.
Los espíritus de la naturaleza llamaron con tanta fuerza que Buck se sintió atraído.
Villmarkens ånder ropte så sterkt at Buck følte seg dratt.
Cada día, la humanidad y sus reivindicaciones se debilitaban más en el corazón de Buck.
Hver dag ble menneskeheten og dens krav svakere i Bucks hjerte.
En lo profundo del bosque, un llamado extraño y emocionante estaba por surgir.
Dypt inne i skogen skulle et merkelig og spennende rop komme.

Cada vez que escuchaba el llamado, Buck sentía un impulso que no podía resistir.
Hver gang han hørte kallet, følte Buck en trang han ikke kunne motstå.
Él iba a alejarse del fuego y de los caminos humanos trillados.
Han skulle vende seg bort fra ilden og bort fra de opptråkkede menneskeveiene.
Iba a adentrarse en el bosque, avanzando sin saber por qué.
Han skulle til å stupe inn i skogen, fortsette uten å vite hvorfor.
Él no cuestionó esta atracción porque el llamado era profundo y poderoso.
Han stilte ikke spørsmål ved denne tiltrekningen, for kallet var dypt og kraftfullt.
A menudo, alcanzaba la sombra verde y la tierra suave e intacta.
Ofte nådde han den grønne skyggen og den myke, uberørte jorden
Pero entonces el fuerte amor por John Thornton lo atrajo de nuevo al fuego.
Men så trakk den sterke kjærligheten til John Thornton ham tilbake til ilden.
Sólo John Thornton realmente pudo sostener en sus manos el corazón salvaje de Buck.
Bare John Thornton holdt virkelig Bucks ville hjerte i sitt grep.
El resto de la humanidad no tenía ningún valor o significado duradero para Buck.
Resten av menneskeheten hadde ingen varig verdi eller mening for Buck.
Los extraños podrían elogiarlo o acariciar su pelaje con manos amistosas.
Fremmede kan rose ham eller stryke pelsen hans med vennlige hender.
Buck permaneció impasible y se alejó por demasiado afecto.
Buck forble urørt og gikk sin vei på grunn av for mye hengivenhet.

Hans y Pete llegaron con la balsa que habían esperado durante tanto tiempo.
Hans og Pete ankom med flåten som lenge hadde vært etterlengtet
Buck los ignoró hasta que supo que estaban cerca de Thornton.
Buck ignorerte dem helt til han fikk vite at de var i nærheten av Thornton.
Después de eso, los toleró, pero nunca les mostró total calidez.
Etter det tolererte han dem, men viste dem aldri full varme.
Él aceptaba comida o gentileza de ellos como si les estuviera haciendo un favor.
Han tok imot mat eller vennlighet fra dem som om han gjorde dem en tjeneste.
Eran como Thornton: sencillos, honestos y claros en sus pensamientos.
De var som Thornton – enkle, ærlige og klare i tankene.
Todos juntos viajaron al aserradero de Dawson y al gran remolino.
Alle sammen reiste de til Dawsons sagbruk og den store virvelen
En su viaje aprendieron a comprender profundamente la naturaleza de Buck.
På reisen lærte de å forstå Bucks natur dypt.
No intentaron acercarse como lo habían hecho Skeet y Nig.
De prøvde ikke å komme nærmere hverandre slik Skeet og Nig hadde gjort.
Pero el amor de Buck por John Thornton solo se profundizó con el tiempo.
Men Bucks kjærlighet til John Thornton ble bare dypere over tid.
Sólo Thornton podía colocar una mochila en la espalda de Buck en el verano.
Bare Thornton kunne legge en pakke på Bucks rygg om sommeren.

Cualquiera que fuera lo que Thornton ordenaba, Buck estaba dispuesto a hacerlo a cabalidad.
Uansett hva Thornton beordret, var Buck villig til å gjøre fullt ut.
Un día, después de que dejaron Dawson hacia las cabeceras del río Tanana,
En dag, etter at de forlot Dawson for å dra til Tanana-elvens kilder,
El grupo se sentó en un acantilado que caía un metro hasta el lecho rocoso desnudo.
Gruppen satt på en klippe som falt en meter ned til bart fjellgrunn.
John Thornton se sentó cerca del borde y Buck descansó a su lado.
John Thornton satt nær kanten, og Buck hvilte ved siden av ham.
Thornton tuvo una idea repentina y llamó la atención de los hombres.
Thornton fikk en plutselig tanke og tiltrakk seg mennenes oppmerksomhet.
Señaló hacia el otro lado del abismo y le dio a Buck una única orden.
Han pekte over kløften og ga Buck én kommando.
—¡Salta, Buck! —dijo, extendiendo el brazo por encima del precipicio.
«Hopp, Buck!» sa han og svingte armen ut over stupet.
En un momento, tuvo que agarrar a Buck, quien estaba saltando para obedecer.
I et øyeblikk måtte han gripe tak i Buck, som spratt for å adlyde.
Hans y Pete corrieron hacia adelante y los pusieron a ambos a salvo.
Hans og Pete løp frem og dro begge tilbake i sikkerhet.
Cuando todo terminó y recuperaron el aliento, Pete habló.
Etter at alt var over, og de hadde fått igjen pusten, tok Pete til orde.

"El amor es extraño", dijo, conmocionado por la feroz devoción del perro.

«Kjærligheten er uhyggelig», sa han, rystet av hundens voldsomme hengivenhet.

Thornton meneó la cabeza y respondió con seriedad y calma.

Thornton ristet på hodet og svarte med rolig alvor.

"No, el amor es espléndido", dijo, "pero también terrible".

«Nei, kjærligheten er fantastisk», sa han, «men også forferdelig.»

"A veces, debo admitirlo, este tipo de amor me da miedo".

«Noen ganger må jeg innrømme at denne typen kjærlighet gjør meg redd.»

Pete asintió y dijo: "Odiaría ser el hombre que te toque".

Pete nikket og sa: «Jeg ville hate å være mannen som rører deg.»

Miró a Buck mientras hablaba, serio y lleno de respeto.

Han så på Buck mens han snakket, alvorlig og full av respekt.

—¡Py Jingo! —dijo Hans rápidamente—. Yo tampoco, señor.

«Py Jingo!» sa Hans raskt. «Jeg heller ikke, nei, sir.»

Antes de que terminara el año, los temores de Pete se hicieron realidad en Circle City.

Før året var omme, gikk Petes frykt i oppfyllelse i Circle City.

Un hombre cruel llamado Black Burton provocó una pelea en el bar.

En grusom mann ved navn Black Burton startet en slåsskamp i baren.

Estaba enojado y malicioso, arremetiendo contra un nuevo novato.

Han var sint og ondsinnet, og slo til mot en ny følsom fot.

John Thornton entró en escena, tranquilo y afable como siempre.

John Thornton trådte til, rolig og godlynt som alltid.

Buck yacía en un rincón, con la cabeza gacha, observando a Thornton de cerca.

Buck lå i et hjørne med hodet bøyd og fulgte nøye med på Thornton.

Burton atacó de repente, y su puñetazo hizo que Thornton girara.
Burton slo plutselig til, og slaget hans fikk Thornton til å snurre rundt.
Sólo la barandilla de la barra evitó que se estrellara con fuerza contra el suelo.
Bare rekkverket på stangen hindret ham i å krasje hardt i bakken.
Los observadores oyeron un sonido que no era un ladrido ni un aullido.
Observatørene hørte en lyd som ikke var bjeffing eller hyling
Un rugido profundo salió de Buck mientras se lanzaba hacia el hombre.
et dypt brøl kom fra Buck idet han løp mot mannen.
Burton levantó el brazo y apenas salvó su vida.
Burton kastet armen opp og reddet så vidt sitt eget liv.
Buck se estrelló contra él y lo tiró al suelo.
Buck krasjet inn i ham og slo ham flatt i gulvet.
Buck mordió profundamente el brazo del hombre y luego se abalanzó sobre su garganta.
Buck bet dypt inn i mannens arm, og kastet seg deretter etter strupen.
Burton sólo pudo bloquearlo parcialmente y su cuello quedó destrozado.
Burton kunne bare delvis blokkere, og nakken hans ble revet opp.
Los hombres se apresuraron a entrar, con los garrotes en alto, y apartaron a Buck del hombre sangrante.
Menn stormet inn, heiste køllene og drev Buck av den blødende mannen.
Un cirujano trabajó rápidamente para detener la fuga de sangre.
En kirurg jobbet raskt for å stoppe blodet fra å renne ut.
Buck caminaba de un lado a otro y gruñía, intentando atacar una y otra vez.
Buck gikk frem og tilbake og knurret, og prøvde å angripe igjen og igjen.

Sólo los golpes con los palos le impidieron llegar hasta Burton.
Bare svingende køller hindret ham i å nå Burton.
Allí mismo se convocó y celebró una asamblea de mineros.
Et gruvearbeidermøte ble innkalt og holdt rett der på stedet.
Estuvieron de acuerdo en que Buck había sido provocado y votaron por liberarlo.
De var enige om at Buck hadde blitt provosert og stemte for å sette ham fri.
Pero el feroz nombre de Buck ahora resonaba en todos los campamentos de Alaska.
Men Bucks sterke navn ga nå gjenlyd i hver leir i Alaska.
Más tarde ese otoño, Buck salvó a Thornton nuevamente de una nueva manera.
Senere samme høst reddet Buck Thornton igjen på en ny måte.
Los tres hombres guiaban un bote largo por rápidos agitados.
De tre mennene styrte en lang båt nedover røffe stryk.
Thornton tripulaba el bote, gritando instrucciones para llegar a la costa.
Thornton manøvrerte båten og ropte veibeskrivelse til strandlinjen.
Hans y Pete corrieron por la tierra, sosteniendo una cuerda de árbol a árbol.
Hans og Pete løp på land og holdt et tau fra tre til tre.
Buck seguía el ritmo en la orilla, siempre observando a su amo.
Buck holdt tritt på bredden og holdt alltid øye med herren sin.
En un lugar desagradable, las rocas sobresalían bajo el agua rápida.
På et stygt sted stakk steiner ut under det raske vannet.
Hans soltó la cuerda y Thornton dirigió el bote hacia otro lado.
Hans slapp tauet, og Thornton styrte båten vidt.
Hans corrió para alcanzar el barco nuevamente más allá de las rocas peligrosas.
Hans spurtet for å rekke båten igjen forbi de farlige steinene.

El barco superó la cornisa pero se topó con una parte más fuerte de la corriente.
Båten passerte avsatsen, men traff en sterkere del av strømmen.
Hans agarró la cuerda demasiado rápido y desequilibró el barco.
Hans grep tak i tauet for fort og dro båten ut av balanse.
El barco se volcó y se estrelló contra la orilla, boca abajo.
Båten kantet og smalt inn i bredden, med bunnen opp.
Thornton fue arrojado y arrastrado hacia la parte más salvaje del agua.
Thornton ble kastet ut og feid opp i den villeste delen av vannet.
Ningún nadador habría podido sobrevivir en esas aguas turbulentas y mortales.
Ingen svømmer kunne ha overlevd i det dødelige, kappløpende vannet.
Buck saltó instantáneamente y persiguió a su amo río abajo.
Buck hoppet umiddelbart inn og jaget herren sin nedover elven.
Después de trescientos metros, llegó por fin a Thornton.
Etter tre hundre meter nådde han endelig Thornton.
Thornton agarró la cola de Buck y Buck se giró hacia la orilla.
Thornton grep tak i Bucks hale, og Buck snudde seg mot land.
Nadó con todas sus fuerzas, luchando contra el arrastre salvaje del agua.
Han svømte med full styrke, og kjempet mot vannets ville drag.
Se movieron río abajo más rápido de lo que podían llegar a la orilla.
De beveget seg nedstrøms raskere enn de kunne nå kysten.
Más adelante, el río rugía cada vez más fuerte mientras caía en rápidos mortales.
Foran brølte elven høyere idet den falt ned i dødelige stryk.
Las rocas cortaban el agua como los dientes de un peine enorme.

Steiner skar gjennom vannet som tennene på en enorm kam.
La atracción del agua cerca de la caída era salvaje e ineludible.
Vanndraget nær dråpen var voldsomt og uunngåelig.
Thornton sabía que nunca podrían llegar a la costa a tiempo.
Thornton visste at de aldri ville komme i land i tide.
Raspó una roca, se estrelló contra otra,
Han skrapte over én stein, slo over en annen,
Y entonces se estrelló contra una tercera roca, agarrándola con ambas manos.
Og så krasjet han inn i en tredje stein og grep den med begge hender.
Soltó a Buck y gritó por encima del rugido: "¡Vamos, Buck! ¡Vamos!".
Han slapp taket i Buck og ropte over brølet: «Gå, Buck! Gå!»
Buck no pudo mantenerse a flote y fue arrastrado por la corriente.
Buck klarte ikke å holde seg flytende og ble revet med av strømmen.
Luchó con todas sus fuerzas, intentando girar, pero no consiguió ningún progreso.
Han kjempet hardt, slet med å snu, men gjorde ingen fremgang i det hele tatt.
Entonces escuchó a Thornton repetir la orden por encima del rugido del río.
Så hørte han Thornton gjenta kommandoen over elvens brøl.
Buck salió del agua y levantó la cabeza como para echar una última mirada.
Buck steg opp av vannet og løftet hodet som for å kaste et siste blikk.
Luego se giró y obedeció, nadando hacia la orilla con resolución.
så snudde han seg og adlød, og svømte besluttsomt mot bredden.
Pete y Hans lo sacaron a tierra en el último momento posible.
Pete og Hans dro ham i land i siste liten.

Sabían que Thornton podría aferrarse a la roca sólo por unos minutos más.
De visste at Thornton bare kunne klamre seg til fjellet i noen minutter til.
Corrieron por la orilla hasta un lugar mucho más arriba de donde estaba colgado.
De løp opp langs bredden til et sted langt over der han hang.
Ataron la cuerda del bote al cuello y los hombros de Buck con cuidado.
De bandt båtens line forsiktig til Bucks nakke og skuldre.
La cuerda estaba ajustada pero lo suficientemente suelta para permitir la respiración y el movimiento.
Tauet var stramt, men løst nok til å puste og bevege seg.
Luego lo lanzaron nuevamente al caudaloso y mortal río.
Så kastet de ham ut i den brusende, dødelige elven igjen.
Buck nadó con valentía, pero perdió su ángulo debido a la fuerza de la corriente.
Buck svømte dristig, men bommet på vinkelen inn i strømmens kraft.
Se dio cuenta demasiado tarde de que iba a dejar atrás a Thornton.
Han så for sent at han kom til å drive forbi Thornton.
Hans tiró de la cuerda con fuerza, como si Buck fuera un barco que se hundía.
Hans stramt i tauet, som om Buck var en kantret båt.
La corriente lo arrastró hacia abajo y desapareció bajo la superficie.
Strømmen dro ham ned, og han forsvant under overflaten.
Su cuerpo chocó contra el banco antes de que Hans y Pete pudieran sacarlo.
Kroppen hans traff banken før Hans og Pete dro ham ut.
Estaba medio ahogado y le sacaron el agua a golpes.
Han var halvt druknet, og de hamret vannet ut av ham.
Buck se puso de pie, se tambaleó y volvió a desplomarse en el suelo.
Buck reiste seg, sjanglet og falt sammen igjen på bakken.

Entonces oyeron la voz de Thornton llevada débilmente por el viento.
Så hørte de Thorntons stemme, svakt båret av vinden.
Aunque las palabras no eran claras, sabían que estaba cerca de morir.
Selv om ordene var uklare, visste de at han var døden nær.
El sonido de la voz de Thornton golpeó a Buck como una sacudida eléctrica.
Lyden av Thorntons stemme traff Buck som et elektrisk støt.
Saltó y corrió por la orilla, regresando al punto de lanzamiento.
Han hoppet opp og løp opp langs bredden, tilbake til utskytningspunktet.
Nuevamente ataron la cuerda a Buck, y nuevamente entró al arroyo.
Igjen bandt de tauet til Buck, og igjen gikk han ut i bekken.
Esta vez nadó directo y firmemente hacia el agua que palpitaba.
Denne gangen svømte han rett og bestemt ut i det brusende vannet.
Hans soltó la cuerda con firmeza mientras Pete evitaba que se enredara.
Hans slapp tauet jevnt ut mens Pete hindret det i å floke seg.
Buck nadó con fuerza hasta que estuvo alineado justo encima de Thornton.
Buck svømte fort helt til han sto i kø rett over Thornton.
Luego se dio la vuelta y se lanzó hacia abajo como un tren a toda velocidad.
Så snudde han seg og løp nedover som et tog i full fart.
Thornton lo vio venir, se preparó y le rodeó el cuello con los brazos.
Thornton så ham komme, forberedt og låste armene rundt halsen hans.
Hans ató la cuerda fuertemente alrededor de un árbol mientras ambos eran arrastrados hacia abajo.
Hans bandt tauet fast rundt et tre idet begge ble trukket under.

Cayeron bajo el agua y se estrellaron contra rocas y escombros del río.

De falt under vann og traff steiner og elveavfall.

En un momento Buck estaba arriba y al siguiente Thornton se levantó jadeando.

Det ene øyeblikket var Buck på toppen, det neste reiste Thornton seg gispet.

Maltratados y asfixiados, se desviaron hacia la orilla y se pusieron a salvo.

Forslåtte og kvalte, svingte de mot bredden og sikkerheten.

Thornton recuperó el conocimiento, acostado sobre un tronco a la deriva.

Thornton gjenvant bevisstheten, liggende over en drivstokk.

Hans y Pete trabajaron duro para devolverle el aliento y la vida.

Hans og Pete jobbet hardt med ham for å få tilbake pusten og livet.

Su primer pensamiento fue para Buck, que yacía inmóvil y flácido.

Hans første tanke var om Buck, som lå ubevegelig og slapp.

Nig aulló sobre el cuerpo de Buck y Skeet le lamió la cara suavemente.

Nig hylte over Bucks kropp, og Skeet slikket ham forsiktig i ansiktet.

Thornton, dolorido y magullado, examinó a Buck con manos cuidadosas.

Thornton, sår og forslått, undersøkte Buck med forsiktige hender.

Encontró tres costillas rotas, pero ninguna herida mortal en el perro.

Han fant tre brukne ribbein, men ingen dødelige sår hos hunden.

"Eso lo resuelve", dijo Thornton. "Acamparemos aquí". Y así lo hicieron.

«Det avgjør saken», sa Thornton. «Vi camper her.» Og det gjorde de.

Se quedaron hasta que las costillas de Buck sanaron y pudo caminar nuevamente.
De ble værende til Bucks ribbein var grodd og han kunne gå igjen.

Ese invierno, Buck realizó una hazaña que aumentó aún más su fama.
Den vinteren utførte Buck en bragd som økte berømmelsen hans ytterligere.

Fue menos heroico que salvar a Thornton, pero igual de impresionante.
Det var mindre heroisk enn å redde Thornton, men like imponerende.

En Dawson, los socios necesitaban suministros para un viaje lejano.
I Dawson trengte partnerne forsyninger til en fjern reise.

Querían viajar hacia el Este, hacia tierras vírgenes y silvestres.
De ville reise østover, inn i uberørte villmarker.

La escritura de Buck en el Eldorado Saloon hizo posible ese viaje.
Bucks gjerning i Eldorado Saloon gjorde den turen mulig.

Todo empezó con hombres alardeando de sus perros mientras bebían.
Det begynte med menn som skrøt av hundene sine over drinker.

La fama de Buck lo convirtió en blanco de desafíos y dudas.
Bucks berømmelse gjorde ham til mål for utfordringer og tvil.

Thornton, orgulloso y tranquilo, se mantuvo firme en la defensa del nombre de Buck.
Thornton, stolt og rolig, forsvarte Bucks navn standhaftig.

Un hombre dijo que su perro podía levantar doscientos cincuenta kilos con facilidad.
En mann sa at hunden hans lett kunne trekke fem hundre pund.

Otro dijo seiscientos, y un tercero se jactó de setecientos.
En annen sa seks hundre, og en tredje skrøt av syv hundre.

"¡Pfft!" dijo John Thornton, "Buck puede tirar de un trineo de mil libras".

«Pfft!» sa John Thornton, «Buck kan trekke en slede på tusen pund.»

Matthewson, un Rey de Bonanza, se inclinó hacia delante y lo desafió.

Matthewson, en Bonanza-konge, lente seg frem og utfordret ham.

¿Crees que puede poner tanto peso en movimiento?

«Tror du han kan legge så mye vekt i bevegelse?»

"¿Y crees que puede tirar del peso cien yardas enteras?"

«Og du tror han kan trekke vekten hele hundre meter?»

Thornton respondió con frialdad: «Sí. Buck es lo suficientemente bueno como para hacerlo».

Thornton svarte kjølig: «Ja. Buck er hund nok til å gjøre det.»

"Pondrá mil libras en movimiento y las arrastrará cien yardas".

«Han setter tusen pund i bevegelse og trekker det hundre meter.»

Matthewson sonrió lentamente y se aseguró de que todos los hombres escucharan sus palabras.

Matthewson smilte sakte og sørget for at alle mennene hørte ordene hans.

Tengo mil dólares que dicen que no puede. Ahí está.

«Jeg har tusen dollar som sier at han ikke kan. Der er de.»

Arrojó un saco de polvo de oro del tamaño de una salchicha sobre la barra.

Han slengte en sekk med gullstøv på størrelse med en pølse i baren.

Nadie dijo una palabra. El silencio se hizo denso y tenso a su alrededor.

Ingen sa et ord. Stillheten ble tung og anspent rundt dem.

El engaño de Thornton —si es que lo hubo— había sido tomado en serio.

Thorntons bløff – hvis det var en – hadde blitt tatt alvorlig.

Sintió que el calor le subía a la cara mientras la sangre le subía a las mejillas.

Han kjente varmen stige i ansiktet idet blodet strømmet opp i kinnene hans.

En ese momento su lengua se había adelantado a su razón.

Tungen hans hadde kommet fornuften i forkjøpet i det øyeblikket.

Realmente no sabía si Buck podría mover mil libras.

Han visste virkelig ikke om Buck kunne flytte tusen pund.

¡Media tonelada! Solo su tamaño le hacía sentir un gran peso en el corazón.

Et halvt tonn! Bare størrelsen på den gjorde hjertet hans tungt.

Tenía fe en la fuerza de Buck y creía que era capaz.

Han hadde tro på Bucks styrke og hadde trodd at han var dyktig.

Pero nunca se había enfrentado a un desafío así, no de esta manera.

Men han hadde aldri møtt denne typen utfordring, ikke som denne.

Una docena de hombres lo observaban en silencio, esperando ver qué haría.

Et dusin menn så stille på ham og ventet på å se hva han ville gjøre.

Él no tenía el dinero, ni tampoco Hans ni Pete.

Han hadde ikke penger – verken Hans eller Pete hadde det.

"Tengo un trineo afuera", dijo Matthewson fría y directamente.

«Jeg har en kjelke utenfor», sa Matthewson kaldt og direkte.

"Está cargado con veinte sacos de cincuenta libras cada uno, todo de harina.

«Den er lastet med tjue sekker, femti pund hver, bare mel.»

Así que no dejen que un trineo perdido sea su excusa ahora", añadió.

Så ikke la en savnet slede være din unnskyldning nå,» la han til.

Thornton permaneció en silencio. No sabía qué decir.

Thornton sto stille. Han visste ikke hvilke ord han skulle si.

Miró a su alrededor los rostros sin verlos con claridad.

Han så seg rundt på ansiktene uten å se dem tydelig.

Parecía un hombre congelado en sus pensamientos, intentando reiniciarse.
Han så ut som en mann som var fastlåst i tanker og prøvde å starte på nytt.
Luego vio a Jim O'Brien, un amigo de la época de Mastodon.
Så så han Jim O'Brien, en venn fra Mastodon-dagene.
Ese rostro familiar le dio un coraje que no sabía que tenía.
Det kjente ansiktet ga ham mot han ikke visste han hadde.
Se giró y preguntó en voz baja: "¿Puedes prestarme mil?"
Han snudde seg og spurte med lav stemme: «Kan du låne meg tusen?»
"Claro", dijo O'Brien, dejando caer un pesado saco junto al oro.
«Jada,» sa O'Brien, og slapp allerede en tung sekk ved siden av gullet.
"Pero la verdad, John, no creo que la bestia pueda hacer esto".
«Men ærlig talt, John, jeg tror ikke at udyret kan gjøre dette.»
Todos los que estaban en el Eldorado Saloon corrieron hacia afuera para ver el evento.
Alle i Eldorado Saloon løp ut for å se arrangementet.
Abandonaron las mesas y las bebidas, e incluso los juegos se pausaron.
De forlot bord og drinker, og til og med kampene ble satt på pause.
Comerciantes y jugadores acudieron para presenciar el final de la audaz apuesta.
Dealere og gamblere kom for å være vitne til slutten av det dristige veddemålet.
Cientos de personas se reunieron alrededor del trineo en la calle helada y abierta.
Hundrevis samlet seg rundt sleden på den isete åpne gaten.
El trineo de Matthewson estaba cargado con un montón de sacos de harina.
Matthewsons slede sto med en full last med melsekker.
El trineo había permanecido parado durante horas a temperaturas bajo cero.

Snøscooteren hadde stått i timevis i minustemperaturer.
Los patines del trineo estaban congelados y pegados a la nieve compacta.
Snøscooterens meder var frosset fast til den pakkete snøen.
Los hombres ofrecieron dos a uno de que Buck no podría mover el trineo.
Mennene ga to til én odds på at Buck ikke kunne flytte sleden.
Se desató una disputa sobre lo que realmente significaba "break out".
Det oppsto en krangel om hva «utbrudd» egentlig betydde.
O'Brien dijo que Thornton debería aflojar la base congelada del trineo.
O'Brien sa at Thornton burde løsne sledens frosne bunn.
Buck pudo entonces "escapar" de un comienzo sólido e inmóvil.
Buck kunne da «bryte ut» fra en solid, stillestående start.
Matthewson argumentó que el perro también debe liberar a los corredores.
Matthewson argumenterte at hunden også måtte rive løperne løs.
Los hombres que habían escuchado la apuesta estuvieron de acuerdo con la opinión de Matthewson.
Mennene som hadde hørt veddemålet var enige i Matthewsons syn.
Con esa decisión, las probabilidades aumentaron a tres a uno en contra de Buck.
Med den kjennelsen hoppet oddsen til tre mot én mot Buck.
Nadie se animó a asumir las crecientes probabilidades de tres a uno.
Ingen tok imot den økende oddsen på tre til én.
Ningún hombre creyó que Buck pudiera realizar la gran hazaña.
Ikke en eneste mann trodde Buck kunne utføre den store bragden.
Thornton se había apresurado a hacer la apuesta, cargado de dudas.
Thornton hadde blitt forhastet inn i veddemålet, tynget av tvil.

Ahora miró el trineo y el equipo de diez perros que estaba a su lado.

Nå så han på sleden og tihunders spannet ved siden av den.

Ver la realidad de la tarea la hizo parecer más imposible.

Å se oppgavens realitet gjorde den mer umulig.

Matthewson estaba lleno de orgullo y confianza en ese momento.

Matthewson var full av stolthet og selvtillit i det øyeblikket.

—¡Tres a uno! —gritó—. ¡Apuesto mil más, Thornton!

«Tre mot én!» ropte han. «Jeg vedder på tusen til, Thornton!»

"¿Qué dices?" añadió lo suficientemente alto para que todos lo oyeran.

«Hva sier du?» la han til, høyt nok til at alle kunne høre det.

El rostro de Thornton mostraba sus dudas, pero su ánimo se había elevado.

Thorntons ansikt viste tvilen hans, men motet hans hadde steget.

Ese espíritu de lucha ignoraba las probabilidades y no temía a nada en absoluto.

Den kampånden ignorerte odds og fryktet ingenting i det hele tatt.

Llamó a Hans y Pete para que trajeran todo su dinero a la mesa.

Han ringte Hans og Pete for å få alle pengene sine til bordet.

Les quedaba poco: sólo doscientos dólares en total.

De hadde lite igjen – bare to hundre dollar til sammen.

Esta pequeña suma constituía su fortuna total en tiempos difíciles.

Denne lille summen var deres totale formue i vanskelige tider.

Aún así, apostaron toda su fortuna contra la apuesta de Matthewson.

Likevel satset de hele formuen mot Matthewsons veddemål.

El equipo de diez perros fue desenganchado y se alejó del trineo.

Tihunders spannet ble løsnet og beveget seg bort fra sleden.

Buck fue colocado en las riendas, vistiendo su arnés familiar.

Buck ble plassert i tømmene, iført sin kjente sele.
Había captado la energía de la multitud y sentía la tensión.
Han hadde fanget energien i mengden og følt spenningen.
De alguna manera, sabía que tenía que hacer algo por John Thornton.
På en eller annen måte visste han at han måtte gjøre noe for John Thornton.
La gente murmuraba con admiración ante la orgullosa figura del perro.
Folk mumlet av beundring over hundens stolte skikkelse.
Era delgado y fuerte, sin un solo gramo de carne extra.
Han var slank og sterk, uten et eneste unse ekstra kjøtt.
Su peso total de ciento cincuenta libras era todo potencia y resistencia.
Hans fulle vekt på hundre og femti pund var ren kraft og utholdenhet.
El pelaje de Buck brillaba como la seda, espeso y saludable.
Bucks pels glitret som silke, tykk av helse og styrke.
El pelaje a lo largo de su cuello y hombros pareció levantarse y erizarse.
Pelsen langs nakken og skuldrene hans syntes å løfte seg og buse.
Su melena se movía levemente, cada cabello vivo con su gran energía.
Manen hans beveget seg litt, hvert hårstrå levende med hans store energi.
Su pecho ancho y sus piernas fuertes hacían juego con su cuerpo pesado y duro.
Hans brede brystkasse og sterke ben passet til den tunge, robuste kroppen hans.
Los músculos se ondulaban bajo su abrigo, tensos y firmes como hierro.
Musklene bølget under frakken hans, stramme og faste som bundet jern.
Los hombres lo tocaron y juraron que estaba construido como una máquina de acero.

Menn berørte ham og sverget på at han var bygd som en stålmaskin.

Las probabilidades bajaron levemente a dos a uno contra el gran perro.

Oddsen falt litt til to mot én mot den flotte hunden.

Un hombre de los bancos Skookum se adelantó, tartamudeando.

En mann fra Skookum-benkene dyttet seg frem, stammende.

—¡Bien, señor! ¡Ofrezco ochocientas libras por él, antes del examen, señor!

«Bra, herre! Jeg tilbyr åtte hundre for ham – før testen, herre!»

"¡Ochocientos, tal como está ahora mismo!" insistió el hombre.

«Åtte hundre, slik han står akkurat nå!» insisterte mannen.

Thornton dio un paso adelante, sonrió y meneó la cabeza con calma.

Thornton gikk frem, smilte og ristet rolig på hodet.

Matthewson intervino rápidamente con una voz de advertencia y el ceño fruncido.

Matthewson grep raskt inn med en advarende stemme og rynket pannen.

—Debes alejarte de él —dijo—. Dale espacio.

«Du må ta et skritt unna ham», sa han. «Gi ham plass.»

La multitud quedó en silencio; sólo los jugadores seguían ofreciendo dos a uno.

Publikum ble stille; bare spillerne tilbød fortsatt to mot én.

Todos admiraban la complexión de Buck, pero la carga parecía demasiado grande.

Alle beundret Bucks kroppsbygning, men lasten så for stor ut.

Veinte sacos de harina, cada uno de cincuenta libras de peso, parecían demasiados.

Tjue sekker med mel – hver på femti pund – virket altfor mye.

Nadie estaba dispuesto a abrir su bolsa y arriesgar su dinero.

Ingen var villig til å åpne posen sin og risikere pengene sine.

Thornton se arrodilló junto a Buck y tomó su cabeza con ambas manos.

Thornton knelte ved siden av Buck og tok hodet hans i begge hender.
Presionó su mejilla contra la de Buck y le habló al oído.
Han presset kinnet mot Bucks og snakket inn i øret hans.
Ya no había apretones juguetones ni susurros de insultos amorosos.
Det var ingen leken risting eller hviskede kjærlige fornærmelser nå.
Él sólo murmuró suavemente: "Tanto como me amas, Buck".
Han mumlet bare lavt: «Så mye som du elsker meg, Buck.»
Buck dejó escapar un gemido silencioso, su entusiasmo apenas fue contenido.
Buck hylte lavt, iveren hans knapt undertrykt.
Los espectadores observaron con curiosidad cómo la tensión llenaba el aire.
Tilskuerne så nysgjerrig på mens spenningen fylte luften.
El momento parecía casi irreal, como algo más allá de la razón.
Øyeblikket føltes nesten uvirkelig, som noe hinsides all fornuft.
Cuando Thornton se puso de pie, Buck tomó suavemente su mano entre sus mandíbulas.
Da Thornton reiste seg, tok Buck forsiktig hånden hans mellom kjevene sine.
Presionó con los dientes y luego lo soltó lenta y suavemente.
Han presset ned med tennene, og slapp deretter sakte og forsiktig.
Fue una respuesta silenciosa de amor, no dicha, pero entendida.
Det var et stille svar av kjærlighet, ikke uttalt, men forstått.
Thornton se alejó bastante del perro y dio la señal.
Thornton trakk seg godt tilbake fra hunden og ga signalet.
—Ahora, Buck —dijo, y Buck respondió con calma y concentración.
«Nå, Buck», sa han, og Buck svarte med fokusert ro.
Buck apretó las correas y luego las aflojó unos centímetros.

Buck strammet skinnene, og løsnet dem deretter noen centimeter.

Éste era el método que había aprendido; su manera de romper el trineo.

Dette var metoden han hadde lært; hans måte å brekke sleden på.

—¡Caramba! —gritó Thornton con voz aguda en el pesado silencio.

«Herregud!» ropte Thornton, med skarp stemme i den tunge stillheten.

Buck giró hacia la derecha y se lanzó con todo su peso.

Buck snudde seg til høyre og kastet seg ut med all sin vekt.

La holgura desapareció y la masa total de Buck golpeó las cuerdas apretadas.

Slakken forsvant, og Bucks fulle masse traff de trange sporene.

El trineo tembló y los patines produjeron un crujido crujiente.

Sleden skalv, og mederne lagde en skarp knitrende lyd.

—¡Ja! —ordenó Thornton, cambiando nuevamente la dirección de Buck.

«Ha!» befalte Thornton, og endret retning for Buck igjen.

Buck repitió el movimiento, esta vez tirando bruscamente hacia la izquierda.

Buck gjentok bevegelsen, denne gangen trakk han skarpt til venstre.

El trineo crujió más fuerte y los patines crujieron y se movieron.

Kjelken sprakk høyere, medene knitret og flyttet seg.

La pesada carga se deslizó ligeramente hacia un lado sobre la nieve congelada.

Den tunge lasten gled litt sidelengs over den frosne snøen.

¡El trineo se había soltado del sendero helado!

Snøscooteren hadde løsnet fra den isete løypa!

Los hombres contenían la respiración, sin darse cuenta de que ni siquiera estaban respirando.

Mennene holdt pusten, uvitende om at de ikke engang pustet.

—¡Ahora, TIRA! —gritó Thornton a través del silencio helado.

«Nå, DRA!» ropte Thornton utover den frosne stillheten.

La orden de Thornton sonó aguda, como el chasquido de un látigo.

Thorntons kommando runget skarpt, som lyden av en piske.

Buck se lanzó hacia adelante con una estocada feroz y estremecedora.

Buck kastet seg fremover med et voldsomt og rystende utfall.

Todo su cuerpo se tensó y se arrugó por la enorme tensión.

Hele kroppen hans spente seg og sammenkrøplet på grunn av den massive belastningen.

Los músculos se ondulaban bajo su pelaje como serpientes que cobraban vida.

Muskler bølget under pelsen hans som slanger som våkner til liv.

Su gran pecho estaba bajo y la cabeza estirada hacia delante, hacia el trineo.

Hans store brystkasse var lav, hodet strukket fremover mot sleden.

Sus patas se movían como un rayo y sus garras cortaban el suelo helado.

Potene hans beveget seg som lyn, klørne skar den frosne bakken.

Los surcos se abrieron profundos mientras luchaba por cada centímetro de tracción.

Det ble skåret dype spor mens han kjempet for hver centimeter med trekkraft.

El trineo se balanceó, tembló y comenzó un movimiento lento e inquieto.

Sleden gynget, skalv og begynte en langsom, urolig bevegelse.

Un pie resbaló y un hombre entre la multitud gimió en voz alta.

Den ene foten skled, og en mann i mengden stønnet høyt.

Entonces el trineo se lanzó hacia adelante con un movimiento brusco y espasmódico.

Så kastet sleden seg fremover i en rykkende, ru bevegelse.

No se detuvo de nuevo: media pulgada... una pulgada... dos pulgadas más.
Den stoppet ikke igjen – en halv tomme ... en tomme ... to tommer til.
Los tirones se hicieron más pequeños a medida que el trineo empezó a ganar velocidad.
Rykkene ble mindre etter hvert som sleden begynte å få fart.
Pronto Buck estaba tirando con una potencia suave, uniforme y rodante.
Snart trakk Buck med jevn, myk rullekraft.
Los hombres jadearon y finalmente recordaron respirar de nuevo.
Mennene gispet og husket endelig å puste igjen.
No se habían dado cuenta de que su respiración se había detenido por el asombro.
De hadde ikke lagt merke til at pusten deres hadde stoppet i ærefrykt.
Thornton corrió detrás, gritando órdenes breves y alegres.
Thornton løp bak og ropte korte, muntre kommandoer.
Más adelante había una pila de leña que marcaba la distancia.
Foran lå en stabel med ved som markerte avstanden.
A medida que Buck se acercaba a la pila, los vítores se hacían cada vez más fuertes.
Etter hvert som Buck nærmet seg haugen, ble jubelen høyere og høyere.
Los aplausos aumentaron hasta convertirse en un rugido cuando Buck pasó el punto final.
Jubelropene vokste til et brøl idet Buck passerte endepunktet.
Los hombres saltaron y gritaron, incluso Matthewson sonrió.
Menn hoppet og ropte, til og med Matthewson brøt ut i et glis.
Los sombreros volaron por el aire y los guantes fueron arrojados sin pensar ni rumbo.
Hatter fløy opp i luften, votter ble kastet uten tanke eller mål.
Los hombres se abrazaron y se dieron la mano sin saber a quién.
Mennene grep tak i hverandre og håndhilste uten å vite hvem.

Toda la multitud vibró en una celebración salvaje y alegre.
Hele mengden summet av vill, gledesfylt feiring.
Thornton cayó de rodillas junto a Buck con manos temblorosas.
Thornton falt ned på kne ved siden av Buck med skjelvende hender.
Apretó su cabeza contra la de Buck y lo sacudió suavemente hacia adelante y hacia atrás.
Han presset hodet mot Bucks og ristet ham forsiktig frem og tilbake.
Los que se acercaron le oyeron maldecir al perro con silencioso amor.
De som kom nærmere hørte ham forbanne hunden med stille kjærlighet.
Maldijo a Buck durante un largo rato, suavemente, cálidamente, con emoción.
Han bannet til Buck lenge – mykt, varmt og følelsesladet.
—¡Bien, señor! ¡Bien, señor! —gritó el rey del Banco Skookum a toda prisa.
«Bra, herre! Bra, herre!» ropte Skookum Bench-kongen i all hast.
—¡Le daré mil, no, mil doscientos, por ese perro, señor!
«Jeg gir deg tusen – nei, tolv hundre – for den hunden, sir!»
Thornton se puso de pie lentamente, con los ojos brillantes de emoción.
Thornton reiste seg sakte, øynene hans skinte av følelser.
Las lágrimas corrían abiertamente por sus mejillas sin ninguna vergüenza.
Tårene strømmet åpent nedover kinnene hans uten skam.
"Señor", le dijo al rey del Banco Skookum, firme y firme.
«Herre,» sa han til kongen av Skookum-benken, stødig og bestemt.
—No, señor. Puede irse al infierno, señor. Esa es mi última respuesta.
«Nei, sir. De kan dra til helvete, sir. Det er mitt endelige svar.»
Buck agarró suavemente la mano de Thornton con sus fuertes mandíbulas.

Buck grep forsiktig Thorntons hånd med de sterke kjevene hans.

Thornton lo sacudió juguetonamente; su vínculo era más profundo que nunca.

Thornton ristet ham lekent, båndet deres var like sterkt som alltid.

La multitud, conmovida por el momento, retrocedió en silencio.

Mengden, beveget av øyeblikket, trakk seg tilbake i stillhet.

Desde entonces nadie se atrevió a interrumpir tan sagrado afecto.

Fra da av turte ingen å avbryte en slik hellig hengivenhet.

El sonido de la llamada
Lyden av kallet

Buck había ganado mil seiscientos dólares en cinco minutos.
Buck hadde tjent seksten hundre dollar på fem minutter.
El dinero permitió a John Thornton pagar algunas de sus deudas.
Pengene lot John Thornton betale ned noe av gjelden sin.
Con el resto del dinero se dirigió al Este con sus socios.
Med resten av pengene dro han østover sammen med partnerne sine.
Buscaban una legendaria mina perdida, tan antigua como el país mismo.
De lette etter en sagnomsuste, tapt gruve, like gammel som landet selv.
Muchos hombres habían buscado la mina, pero pocos la habían encontrado.
Mange menn hadde lett etter gruven, men få hadde noen gang funnet den.
Más de unos pocos hombres habían desaparecido durante la peligrosa búsqueda.
Mer enn noen få menn hadde forsvunnet under den farlige søken.
Esta mina perdida estaba envuelta en misterio y vieja tragedia.
Denne tapte gruven var pakket inn i både mystikk og gammel tragedie.
Nadie sabía quién había sido el primer hombre que encontró la mina.
Ingen visste hvem den første mannen som fant gruven hadde vært.
Las historias más antiguas no mencionan a nadie por su nombre.
De eldste historiene nevner ingen ved navn.
Siempre había habido allí una antigua y destartalada cabaña.
Det hadde alltid stått en gammel, falleferdig hytte der.

Los hombres moribundos habían jurado que había una mina al lado de aquella vieja cabaña.
Døende menn hadde sverget på at det var en gruve ved siden av den gamle hytta.
Probaron sus historias con oro como ningún otro en ningún otro lugar.
De beviste historiene sine med gull som ingen andre steder finner.
Ningún alma viviente había jamás saqueado el tesoro de aquel lugar.
Ingen levende sjel hadde noen gang plyndret skatten fra det stedet.
Los muertos estaban muertos, y los muertos no cuentan historias.
De døde var døde, og døde menn forteller ingen historier.
Entonces Thornton y sus amigos se dirigieron al Este.
Så dro Thornton og vennene hans østover.
Pete y Hans se unieron, trayendo a Buck y seis perros fuertes.
Pete og Hans ble med, og hadde med seg Buck og seks sterke hunder.
Se embarcaron en un camino desconocido donde otros habían fracasado.
De la ut på en ukjent sti der andre hadde mislyktes.
Se deslizaron en trineo setenta millas por el congelado río Yukón.
De aket sytti mil oppover den frosne Yukon-elven.
Giraron a la izquierda y siguieron el sendero hacia Stewart.
De svingte til venstre og fulgte stien inn i Stewart-elven.
Pasaron Mayo y McQuestion y siguieron adelante.
De passerte Mayo og McQuestion og fortsatte videre.
El río Stewart se encogió y se convirtió en un arroyo, atravesando picos irregulares.
Stewart-elven krympet inn i en bekk og trådte langs taggete topper.
Estos picos afilados marcaban la columna vertebral del continente.

Disse skarpe toppene markerte selve ryggraden på kontinentet.
John Thornton exigía poco a los hombres y a la tierra salvaje.
John Thornton krevde lite av menn eller det ville landskapet.
No temía a nada de la naturaleza y se enfrentaba a lo salvaje con facilidad.
Han fryktet ingenting i naturen og møtte villmarken med letthet.
Con sólo sal y un rifle, podría viajar a donde quisiera.
Med bare salt og en gevær kunne han reise hvor han ville.
Al igual que los nativos, cazaba alimentos mientras viajaba.
I likhet med de innfødte jaktet han mat mens han reiste.
Si no pescaba nada, seguía adelante, confiando en que la suerte le acompañaría.
Hvis han ikke fikk noe, fortsatte han, og stolte på flaksen.
En este largo viaje, la carne era lo principal que comían.
På denne lange reisen var kjøtt det viktigste de spiste.
El trineo contenía herramientas y municiones, pero no un horario estricto.
Sleden inneholdt verktøy og ammunisjon, men ingen streng tidsplan.
A Buck le encantaba este vagabundeo, la caza y la pesca interminables.
Buck elsket denne vandringen; den endeløse jakten og fisket.
Durante semanas estuvieron viajando día tras día.
I flere uker reiste de dag etter jevn dag.
Otras veces montaban campamentos y permanecían allí durante semanas.
Andre ganger slo de leir og ble værende i flere uker.
Los perros descansaron mientras los hombres cavaban en la tierra congelada.
Hundene hvilte mens mennene gravde gjennom frossen jord.
Calentaron sartenes sobre el fuego y buscaron oro escondido.
De varmet pannene over bål og lette etter skjult gull.
Algunos días pasaban hambre y otros días tenían fiestas.
Noen dager sultet de, og andre dager hadde de fester.

Sus comidas dependían de la presa y de la suerte de la caza.
Måltidene deres var avhengig av viltet og jaktflaksen.
Cuando llegaba el verano, los hombres y los perros cargaban cargas sobre sus espaldas.
Da sommeren kom, pakket menn og hunder last på ryggen.
Navegaron por lagos azules escondidos en bosques de montaña.
De raftet over blå innsjøer gjemt i fjellskoger.
Navegaban en delgadas embarcaciones por ríos que ningún hombre había cartografiado jamás.
De seilte slanke båter på elver ingen mann noen gang hadde kartlagt.
Esos barcos se construyeron a partir de árboles que cortaban en la naturaleza.
Disse båtene ble bygget av trær de saget i naturen.

Los meses pasaron y ellos serpentearon por tierras salvajes y desconocidas.
Månedene gikk, og de snodde seg gjennom de ville, ukjente landene.
No había hombres allí, aunque había rastros antiguos que indicaban que había habido hombres.
Det var ingen menn der, men gamle spor antydet at det hadde vært menn der.
Si la Cabaña Perdida fue real, entonces otras personas habían pasado por allí alguna vez.
Hvis Den tapte hytta var ekte, hadde andre en gang kommet denne veien.
Cruzaron pasos altos en medio de tormentas de nieve, incluso en verano.
De krysset høye pass i snøstormer, selv om sommeren.
Temblaban bajo el sol de medianoche en las laderas desnudas de las montañas.
De skalv under midnattssolen på nakne fjellsider.
Entre la línea de árboles y los campos de nieve, subieron lentamente.
Mellom tregrensen og snøfeltene klatret de sakte.

En los valles cálidos, aplastaban nubes de mosquitos y moscas.
I varme daler slo de mot skyer av knott og fluer.
Recogieron bayas dulces cerca de los glaciares en plena floración del verano.
De plukket søte bær nær isbreer i full sommerblomst.
Las flores que encontraron eran tan hermosas como las de las Tierras del Sur.
Blomstene de fant var like vakre som de i Sørlandet.
Ese otoño llegaron a una región solitaria llena de lagos silenciosos.
Den høsten nådde de et ensomt område fylt med stille innsjøer.
La tierra estaba triste y vacía, una vez llena de pájaros y bestias.
Landet var trist og tomt, en gang levd av fugler og dyr.
Ahora no había vida, sólo el viento y el hielo formándose en charcos.
Nå var det ikke noe liv, bare vinden og isen som dannet seg i dammer.
Las olas golpeaban las orillas vacías con un sonido suave y triste.
Bølger slo mot tomme strender med en myk, sørgmodig lyd.

Llegó otro invierno y volvieron a seguir los viejos y tenues senderos.
Nok en vinter kom, og de fulgte svake, gamle stier igjen.
Éstos eran los rastros de hombres que habían buscado mucho antes que ellos.
Dette var sporene til menn som hadde lett lenge før dem.
Un día encontraron un camino que se adentraba profundamente en el bosque oscuro.
En gang fant de en sti dypt inn i den mørke skogen.
Era un sendero antiguo y sintieron que la cabaña perdida estaba cerca.
Det var en gammel sti, og de følte at den tapte hytta var nær.

Pero el sendero no conducía a ninguna parte y se perdía en el espeso bosque.
Men stien førte ingen steder og forsvant inn i den tette skogen.
Nadie sabe quién hizo el sendero ni por qué lo hizo.
Hvem som helst som lagde stien, og hvorfor de lagde den, visste ingen.
Más tarde encontraron los restos de una cabaña escondidos entre los árboles.
Senere fant de vraket av en hytte gjemt blant trærne.
Mantas podridas yacían esparcidas donde alguna vez alguien había dormido.
Råtnende tepper lå strødd der noen en gang hadde sovet.
John Thornton encontró una pistola de chispa de cañón largo enterrada en el interior.
John Thornton fant en flintlås med lang løp begravd inni.
Sabía que se trataba de un cañón de la Bahía de Hudson desde los primeros días de su comercialización.
Han visste at dette var en Hudson Bay-kanon fra tidlige handelsdager.
En aquella época, estas armas se intercambiaban por montones de pieles de castor.
På den tiden ble slike kanoner byttet mot stabler med beverskinn.
Eso fue todo: no quedó ninguna pista del hombre que construyó el albergue.
Det var alt – ingen spor gjensto etter mannen som bygde hytta.

Llegó nuevamente la primavera y no encontraron ninguna señal de la Cabaña Perdida.
Våren kom igjen, og de fant ingen tegn til den tapte hytta.
En lugar de eso encontraron un valle amplio con un arroyo poco profundo.
I stedet fant de en bred dal med en grunn bekk.
El oro se extendía sobre el fondo de las sartenes como mantequilla suave y amarilla.
Gull lå over bunnen av pannen som glatt, gult smør.
Se detuvieron allí y no buscaron más la cabaña.

De stoppet der og lette ikke lenger etter hytta.
Cada día trabajaban y encontraban miles en polvo de oro.
Hver dag arbeidet de og fant tusenvis i gullstøv.
Empaquetaron el oro en bolsas de piel de alce, de cincuenta libras cada una.
De pakket gullet i sekker med elgskinn, femti pund hver.
Las bolsas estaban apiladas como leña afuera de su pequeña cabaña.
Sekkene var stablet som ved utenfor den lille hytta deres.
Trabajaron como gigantes y los días pasaban como sueños rápidos.
De jobbet som kjemper, og dagene gikk som raske drømmer.
Acumularon tesoros a medida que los días interminables transcurrían rápidamente.
De samlet skatter mens de endeløse dagene rullet raskt forbi.
Los perros no tenían mucho que hacer excepto transportar carne de vez en cuando.
Det var lite hundene kunne gjøre bortsett fra å dra på kjøtt nå og da.
Thornton cazó y mató el animal, y Buck se quedó tendido junto al fuego.
Thornton jaktet og drepte viltet, og Buck lå ved bålet.
Pasó largas horas en silencio, perdido en sus pensamientos y recuerdos.
Han tilbrakte lange timer i stillhet, fortapt i tanker og minner.
La imagen del hombre peludo venía cada vez más a la mente de Buck.
Bildet av den hårete mannen dukket oftere opp i Bucks sinn.
Ahora que el trabajo escaseaba, Buck soñaba mientras parpadeaba ante el fuego.
Nå som det var lite arbeid, drømte Buck mens han blunket mot bålet.
En esos sueños, Buck vagaba con el hombre en otro mundo.
I disse drømmene vandret Buck med mannen i en annen verden.
El miedo parecía el sentimiento más fuerte en ese mundo distante.

Frykt virket som den sterkeste følelsen i den fjerne verden.
Buck vio al hombre peludo dormir con la cabeza gacha.
Buck så den hårete mannen sove med bøyd hode.
Tenía las manos entrelazadas y su sueño era inquieto y entrecortado.
Hendene hans var foldet, og søvnen hans var urolig og avbrutt.
Solía despertarse sobresaltado y mirar con miedo hacia la oscuridad.
Han pleide å våkne med et rykk og stirre fryktsomt inn i mørket.
Luego echaba más leña al fuego para mantener la llama brillante.
Så kastet han mer ved på bålet for å holde flammen sterk.
A veces caminaban por una playa junto a un mar gris e interminable.
Noen ganger gikk de langs en strand ved et grått, endeløst hav.
El hombre peludo recogía mariscos y los comía mientras caminaba.
Den hårete mannen plukket skalldyr og spiste dem mens han gikk.
Sus ojos buscaban siempre peligros ocultos en las sombras.
Øynene hans lette alltid etter skjulte farer i skyggene.
Sus piernas siempre estaban listas para correr ante la primera señal de amenaza.
Beina hans var alltid klare til å spurte ved første tegn på trussel.
Se arrastraron por el bosque, silenciosos y cautelosos, uno al lado del otro.
De krøp gjennom skogen, stille og forsiktige, side om side.
Buck lo siguió de cerca y ambos se mantuvieron alerta.
Buck fulgte etter ham, og begge forble årvåkne.
Sus orejas se movían y temblaban, sus narices olfateaban el aire.
Ørene deres dirret og beveget seg, nesene deres snuste i luften.

El hombre podía oír y oler el bosque tan agudamente como Buck.
Mannen kunne høre og lukte skogen like skarpt som Buck.
El hombre peludo se balanceó entre los árboles con una velocidad repentina.
Den hårete mannen svingte seg gjennom trærne med plutselig fart.
Saltaba de rama en rama sin perder nunca su agarre.
Han hoppet fra gren til gren uten å miste grepet.
Se movió tan rápido sobre el suelo como sobre él.
Han beveget seg like raskt over bakken som han gjorde på den.
Buck recordó las largas noches bajo los árboles, haciendo guardia.
Buck husket lange netter under trærne, hvor han holdt vakt.
El hombre dormía recostado en las ramas, aferrado fuertemente.
Mannen sov og hvilte i grenene og klamret seg tett til.
Esta visión del hombre peludo estaba estrechamente ligada al llamado profundo.
Denne visjonen av den hårete mannen var nært knyttet til det dype kallet.
El llamado aún resonaba en el bosque con una fuerza inquietante.
Ropet lød fortsatt gjennom skogen med hjemsøkende kraft.
La llamada llenó a Buck de anhelo y una inquieta sensación de alegría.
Samtalen fylte Buck med lengsel og en rastløs følelse av glede.
Sintió impulsos y agitaciones extrañas que no podía nombrar.
Han følte merkelige lyster og følelser som han ikke kunne navngi.
A veces seguía la llamada hasta lo profundo del tranquilo bosque.
Noen ganger fulgte han kallet dypt inn i den stille skogen.
Buscó el llamado, ladrando suave o agudamente mientras caminaba.

Han lette etter kallet, bjeffende lavt eller skarpt mens han gikk.
Olfateó el musgo y la tierra negra donde crecían las hierbas.
Han snuste på mosen og den svarte jorden der gresset vokste.
Resopló de alegría ante los ricos olores de la tierra profunda.
Han fnøs av fryd over de rike luktene fra den dype jorden.
Se agazapó durante horas detrás de troncos cubiertos de hongos.
Han krøp sammen i timevis bak stammer dekket av sopp.
Se quedó quieto, escuchando con los ojos muy abiertos cada pequeño sonido.
Han ble stående stille og lyttet med store øyne til hver minste lyd.
Quizás esperaba sorprender al objeto que le había hecho el llamado.
Han håpet kanskje å overraske den som ringte.
Él no sabía por qué actuaba así: simplemente lo hacía.
Han visste ikke hvorfor han oppførte seg slik – han bare gjorde det.
Los impulsos venían desde lo más profundo, más allá del pensamiento o la razón.
Trangene kom dypt innenfra, hinsides tanke eller fornuft.
Impulsos irresistibles se apoderaron de Buck sin previo aviso ni razón.
Uimotståelige lyster grep tak i Buck uten forvarsel eller grunn.
A veces dormitaba perezosamente en el campamento bajo el calor del mediodía.
Til tider døset han dovent i leiren i middagsvarmen.
De repente, su cabeza se levantó y sus orejas se levantaron en alerta.
Plutselig løftet han hodet og ørene hans skyter våkent i været.
Entonces se levantó de un salto y se lanzó hacia lo salvaje sin detenerse.
Så sprang han opp og løp ut i villmarken uten å nøle.
Corrió durante horas por senderos forestales y espacios abiertos.
Han løp i timevis gjennom skogsstier og åpne områder.

Le encantaba seguir los lechos de los arroyos secos y espiar a los pájaros en los árboles.
Han elsket å følge tørre bekkeleier og spionere på fugler i trærne.
Podría permanecer escondido todo el día, mirando a las perdices pavonearse.
Han kunne ligge gjemt hele dagen og se på rapphøns som spankulerte rundt.
Ellos tamborilearon y marcharon, sin percatarse de la presencia todavía de Buck.
De trommet og marsjerte, uvitende om Bucks fortsatt tilstedeværelse.
Pero lo que más le gustaba era correr al atardecer en verano.
Men det han elsket mest var å løpe i skumringen om sommeren.
La tenue luz y los sonidos soñolientos del bosque lo llenaron de alegría.
Det svake lyset og de søvnige skogslydene fylte ham med glede.
Leyó las señales del bosque tan claramente como un hombre lee un libro.
Han leste skogsskiltene like tydelig som en mann leser en bok.
Y siempre buscaba aquella cosa extraña que lo llamaba.
Og han lette alltid etter den merkelige tingen som kalte på ham.
Ese llamado nunca se detuvo: lo alcanzaba despierto o dormido.
Det kallet stoppet aldri – det nådde ham enten han var våken eller sovende.

Una noche, se despertó sobresaltado, con los ojos alerta y las orejas alerta.
En natt våknet han med et rykk, med skarpe øyne og høye ører.
Sus fosas nasales se crisparon mientras su melena se erizaba en ondas.
Neseborene hans dirret mens manen hans sto og bølget seg.

Desde lo profundo del bosque volvió a oírse el sonido, el viejo llamado.
Fra dypet av skogen kom lyden igjen, det gamle kallet.
Esta vez el sonido sonó claro, un aullido largo, inquietante y familiar.
Denne gangen ringte lyden tydelig, et langt, hjemsøkende, kjent hyl.
Era como el grito de un husky, pero extraño y salvaje en tono.
Det var som en huskys skrik, men merkelig og vill i tonen.
Buck reconoció el sonido al instante: había oído exactamente el mismo sonido hacía mucho tiempo.
Buck kjente igjen lyden med en gang – han hadde hørt den nøyaktige lyden for lenge siden.
Saltó a través del campamento y desapareció rápidamente en el bosque.
Han hoppet gjennom leiren og forsvant raskt inn i skogen.
A medida que se acercaba al sonido, disminuyó la velocidad y se movió con cuidado.
Da han nærmet seg lyden, sakket han farten og beveget seg forsiktig.
Pronto llegó a un claro entre espesos pinos.
Snart nådde han en lysning mellom tette furutrær.
Allí, erguido sobre sus cuartos traseros, estaba sentado un lobo de bosque alto y delgado.
Der, oppreist på bakbenene, satt en høy, mager skogulv.
La nariz del lobo apuntaba hacia el cielo, todavía haciendo eco del llamado.
Ulvens nese pekte mot himmelen, fortsatt med et ekko av ropet.
Buck no había emitido ningún sonido, pero el lobo se detuvo y escuchó.
Buck hadde ikke laget noen lyd, men ulven stoppet og lyttet.
Sintiendo algo, el lobo se tensó y buscó en la oscuridad.
Ulven fornemmet noe, spente seg og lette i mørket.
Buck apareció sigilosamente, con el cuerpo agachado y los pies quietos sobre el suelo.

Buck snek seg til syne, med lav kropp og føttene rolige på bakken.
Su cola estaba recta y su cuerpo enroscado por la tensión.
Halen hans var rett, kroppen hans kveilet stramt av spenning.
Mostró al mismo tiempo una amenaza y una especie de amistad ruda.
Han viste både trussel og et slags røft vennskap.
Fue el saludo cauteloso que compartían las bestias salvajes.
Det var den forsiktige hilsenen som de ville dyrene delte.
Pero el lobo se dio la vuelta y huyó tan pronto como vio a Buck.
Men ulven snudde seg og flyktet så snart den så Buck.
Buck lo persiguió, saltando salvajemente, ansioso por alcanzarlo.
Buck satte etter den, hoppet vilt, ivrig etter å forbikjøre den.
Siguió al lobo hasta un arroyo seco bloqueado por un atasco de madera.
Han fulgte etter ulven inn i en tørr bekk som var blokkert av en tømmerstokk.
Acorralado, el lobo giró y se mantuvo firme.
Ulven snurret seg rundt og sto på sitt.
El lobo gruñó y mordió a su presa como un perro husky atrapado en una pelea.
Ulven glefset og glefset som en fanget huskyhund i en slåsskamp.
Los dientes del lobo chasquearon rápidamente y su cuerpo se erizó de furia salvaje.
Ulvens tenner klikket raskt, kroppen dens strittet av vill raseri.
Buck no atacó, sino que rodeó al lobo con cautelosa amabilidad.
Buck angrep ikke, men gikk rundt ulven med forsiktig vennlighet.
Intentó bloquear su escape con movimientos lentos e inofensivos.
Han prøvde å blokkere flukten med langsomme, ufarlige bevegelser.

El lobo estaba cauteloso y asustado: Buck pesaba tres veces más que él.
Ulven var skeptisk og redd – Buck var tre ganger sterkere enn ham.
La cabeza del lobo apenas llegaba hasta el enorme hombro de Buck.
Ulvehodet nådde så vidt opp til Bucks massive skulder.
Al acecho de un hueco, el lobo salió disparado y la persecución comenzó de nuevo.
Ulven speidet etter et gap, løp av gårde og jakten begynte igjen.
Varias veces Buck lo acorraló y el baile se repitió.
Flere ganger presset Buck ham inn i et hjørne, og dansen gjentok seg.
El lobo estaba delgado y débil, de lo contrario Buck no podría haberlo atrapado.
Ulven var tynn og svak, ellers kunne ikke Buck ha fanget ham.
Cada vez que Buck se acercaba, el lobo giraba y lo enfrentaba con miedo.
Hver gang Buck kom nærmere, snurret ulven seg og møtte ham i frykt.
Luego, a la primera oportunidad, se lanzó de nuevo al bosque.
Så ved første sjanse, løp han av gårde inn i skogen igjen.
Pero Buck no se dio por vencido y finalmente el lobo comenzó a confiar en él.
Men Buck ga ikke opp, og til slutt begynte ulven å stole på ham.
Olió la nariz de Buck y los dos se pusieron juguetones y alertas.
Han snuste Buck på nesen, og de to ble lekne og årvåkne.
Jugaban como animales salvajes, feroces pero tímidos en su alegría.
De lekte som ville dyr, hissige, men likevel sjenerte i sin glede.
Después de un rato, el lobo se alejó trotando con calma y propósito.
Etter en stund travet ulven av gårde med rolig hensikt.

Le demostró claramente a Buck que tenía la intención de que lo siguieran.
Han viste tydelig Buck at han ville bli fulgt etter.
Corrieron uno al lado del otro a través de la penumbra del crepúsculo.
De løp side om side gjennom skumringsmørket.
Siguieron el lecho del arroyo hasta el desfiladero rocoso.
De fulgte bekkeleier opp i den steinete juvet.
Cruzaron una divisoria fría donde había comenzado el arroyo.
De krysset et kaldt skille der strømmen hadde startet.
En la ladera más alejada encontraron un extenso bosque y numerosos arroyos.
På den fjerne skråningen fant de vid skog og mange bekker.
Por esta vasta tierra corrieron durante horas sin parar.
Gjennom dette enorme landet løp de i timevis uten å stoppe.
El sol salió más alto, el aire se calentó, pero ellos siguieron corriendo.
Solen steg høyere, luften ble varm, men de løp videre.
Buck estaba lleno de alegría: sabía que estaba respondiendo a su llamado.
Buck var fylt av glede – han visste at han svarte på kallet sitt.
Corrió junto a su hermano del bosque, más cerca de la fuente del llamado.
Han løp ved siden av skogbroren sin, nærmere kilden til kallet.
Los viejos sentimientos regresaron, poderosos y difíciles de ignorar.
Gamle følelser kom tilbake, sterke og vanskelige å ignorere.
Éstas eran las verdades detrás de los recuerdos de sus sueños.
Dette var sannhetene bak minnene fra drømmene hans.
Todo esto ya lo había hecho antes, en un mundo distante y sombrío.
Han hadde gjort alt dette før i en fjern og skyggefull verden.
Ahora lo hizo de nuevo, corriendo salvajemente con el cielo abierto encima.

Nå gjorde han dette igjen, og løp amok med den åpne himmelen over seg.
Se detuvieron en un arroyo para beber del agua fría que fluía.
De stoppet ved en bekk for å drikke av det kalde, rennende vannet.
Mientras bebía, Buck de repente recordó a John Thornton.
Mens han drakk, husket Buck plutselig John Thornton.
Se sentó en silencio, desgarrado por la atracción de la lealtad y el llamado.
Han satte seg ned i stillhet, revet av lojalitetens og kallets tiltrekning.
El lobo siguió trotando, pero regresó para impulsar a Buck a seguir adelante.
Ulven travet videre, men kom tilbake for å presse Buck fremover.
Le olisqueó la nariz y trató de convencerlo con gestos suaves.
Han snufset på nesen og prøvde å lokke ham med myke gester.
Pero Buck se dio la vuelta y comenzó a regresar por donde había venido.
Men Buck snudde seg og begynte å gå tilbake samme vei som han kom.
El lobo corrió a su lado durante un largo rato, gimiendo silenciosamente.
Ulven løp ved siden av ham lenge og klynket stille.
Luego se sentó, levantó la nariz y dejó escapar un largo aullido.
Så satte han seg ned, hevet nesen og slapp ut et langt hyl.
Fue un grito triste, que se suavizó cuando Buck se alejó.
Det var et sørgmodig skrik, som myknet idet Buck gikk sin vei.
Buck escuchó mientras el sonido del grito se desvanecía lentamente en el silencio del bosque.
Buck lyttet mens lyden av gråten sakte forsvant inn i skogens stillhet.

John Thornton estaba cenando cuando Buck irrumpió en el campamento.
John Thornton spiste middag da Buck stormet inn i leiren.
Buck saltó sobre él salvajemente, lamiéndolo, mordiéndolo y haciéndolo caer.
Buck hoppet vilt over ham, slikket, bet og veltet ham.
Lo derribó, se subió encima y le besó la cara.
Han veltet ham, klatret oppå og kysset ham i ansiktet.
Thornton lo llamó con cariño "hacer el tonto en general".
Thornton kalte dette å «spille den generelle narren» med hengivenhet.
Mientras tanto, maldijo a Buck suavemente y lo sacudió de un lado a otro.
Hele tiden bannet han forsiktig over Buck og ristet ham frem og tilbake.
Durante dos días y dos noches enteras, Buck no abandonó el campamento ni una sola vez.
I to hele dager og netter forlot Buck ikke leiren én eneste gang.
Se mantuvo cerca de Thornton y nunca lo perdió de vista.
Han holdt seg tett inntil Thornton og lot ham aldri gå ut av syne.
Lo siguió mientras trabajaba y lo observó mientras comía.
Han fulgte ham mens han arbeidet og så på ham mens han spiste.
Acompañaba a Thornton con sus mantas por la noche y lo salía cada mañana.
Han så Thornton ligge i teppene sine om natten og ute hver morgen.
Pero pronto el llamado del bosque regresó, más fuerte que nunca.
Men snart kom skogsropet tilbake, høyere enn noen gang før.
Buck volvió a inquietarse, agitado por los pensamientos del lobo salvaje.
Buck ble urolig igjen, opprørt av tanker om den ville ulven.
Recordó el terreno abierto y correr uno al lado del otro.
Han husket det åpne landskapet og det å løpe side om side.
Comenzó a vagar por el bosque una vez más, solo y alerta.

Han begynte å vandre inn i skogen igjen, alene og årvåken.
Pero el hermano salvaje no regresó y el aullido no se escuchó.
Men den ville broren kom ikke tilbake, og ulet ble ikke hørt.
Buck comenzó a dormir a la intemperie, manteniéndose alejado durante días.
Buck begynte å sove ute, og holdt seg borte i flere dager av gangen.
Una vez cruzó la alta divisoria donde había comenzado el arroyo.
En gang krysset han det høye skiltet der bekken hadde startet.
Entró en la tierra de la madera oscura y de los arroyos anchos y fluidos.
Han kom inn i landet med mørkt tømmer og vide, rennende bekker.
Durante una semana vagó en busca de señales del hermano salvaje.
I en uke vandret han rundt og lette etter tegn etter den ville broren.
Mataba su propia carne y viajaba con pasos largos e incansables.
Han drepte sitt eget kjøtt og reiste med lange, utrettelige skritt.
Pescaba salmón en un ancho río que llegaba al mar.
Han fisket laks i en bred elv som nådde ut til havet.
Allí luchó y mató a un oso negro enloquecido por los insectos.
Der kjempet han mot og drepte en svartbjørn som var gal av insekter.
El oso estaba pescando y corrió ciegamente entre los árboles.
Bjørnen hadde fisket og løp i blinde gjennom trærne.
La batalla fue feroz y despertó el profundo espíritu de lucha de Buck.
Kampen var hard, og vekket Bucks dype kampånd.
Dos días después, Buck regresó y encontró glotones en su presa.
To dager senere kom Buck tilbake for å finne jerv ved byttet sitt.

Una docena de ellos se pelearon con furia y ruidosidad por la carne.
Et dusin av dem kranglet om kjøttet i høylytt raseri.
Buck cargó y los dispersó como hojas en el viento.
Buck stormet frem og spredte dem som blader i vinden.
Dos lobos permanecieron atrás, silenciosos, sin vida e inmóviles para siempre.
To ulver ble igjen – stille, livløse og ubevegelige for alltid.
La sed de sangre se hizo más fuerte que nunca.
Blodtørsten ble sterkere enn noensinne.
Buck era un cazador, un asesino, que se alimentaba de criaturas vivas.
Buck var en jeger, en morder, som spiste levende vesener.
Sobrevivió solo, confiando en su fuerza y sus sentidos agudos.
Han overlevde alene, avhengig av sin styrke og skarpe sanser.
Prosperó en la naturaleza, donde sólo los más resistentes podían vivir.
Han trivdes i naturen, der bare de tøffeste kunne leve.
A partir de esto, un gran orgullo surgió y llenó todo el ser de Buck.
Fra dette steg en stor stolthet opp og fylte hele Bucks vesen.
Su orgullo se reflejaba en cada uno de sus pasos, en el movimiento de cada músculo.
Stoltheten hans viste seg i hvert eneste skritt, i krusningen i hver muskel.
Su orgullo era tan claro como sus palabras, y se reflejaba en su manera de comportarse.
Stoltheten hans var like tydelig som tale, noe som viste seg i hvordan han oppførte seg.
Incluso su grueso pelaje parecía más majestuoso y brillaba más.
Selv den tykke pelsen hans så mer majestetisk ut og glitret klarere.
Buck podría haber sido confundido con un lobo gigante.
Buck kunne ha blitt forvekslet med en gigantisk tømmerulv.

A excepción del color marrón en el hocico y las manchas sobre los ojos.
Bortsett fra brunt på snuten og flekker over øynene.
Y la raya blanca de pelo que corría por el centro de su pecho.
Og den hvite pelsstripen som rant nedover midten av brystet hans.
Era incluso más grande que el lobo más grande de esa feroz raza.
Han var enda større enn den største ulven av den ville rasen.
Su padre, un San Bernardo, le dio tamaño y complexión robusta.
Faren hans, en sanktbernhardshund, ga ham størrelse og tung kropp.
Su madre, una pastora, moldeó esa masa hasta darle forma de lobo.
Moren hans, en gjeter, formet den massen til en ulvelignende form.
Tenía el hocico largo de un lobo, aunque más pesado y ancho.
Han hadde den lange snuten til en ulv, men tyngre og bredere.
Su cabeza era la de un lobo, pero construida en una escala enorme y majestuosa.
Hodet hans var et ulves, men bygget i en massiv, majestetisk skala.
La astucia de Buck era la astucia del lobo y de la naturaleza.
Bucks list var ulvens og villmarkens list.
Su inteligencia provenía tanto del pastor alemán como del san bernardo.
Hans intelligens kom fra både den tyske gjeterhunden og sanktbernhardshunden.
Todo esto, más la dura experiencia, lo convirtieron en una criatura temible.
Alt dette, pluss harde erfaringer, gjorde ham til en fryktinngytende skapning.
Era tan formidable como cualquier bestia que vagaba por las tierras salvajes del norte.

Han var like formidabel som ethvert dyr som streifet rundt i den nordlige villmarken.
Viviendo sólo de carne, Buck alcanzó el máximo nivel de su fuerza.
Buck levde kun på kjøtt og nådde sitt fulle styrketopp.
Rebosaba poder y fuerza masculina en cada fibra de él.
Han fløt over av kraft og maskulin styrke i hver fiber av seg.
Cuando Thornton le acarició la espalda, sus pelos brillaron con energía.
Da Thornton strøk seg over ryggen, glitret hårene av energi.
Cada cabello crujió, cargado con el toque de un magnetismo vivo.
Hvert hårstrå knitret, ladet med en berøring av levende magnetisme.
Su cuerpo y su cerebro estaban afinados al máximo nivel posible.
Kroppen og hjernen hans var innstilt på den fineste mulige tonehøyden.
Cada nervio, fibra y músculo trabajaba en perfecta armonía.
Hver nerve, fiber og muskel fungerte i perfekt harmoni.
Ante cualquier sonido o visión que requiriera acción, él respondía instantáneamente.
På enhver lyd eller syn som krevde handling, reagerte han umiddelbart.
Si un husky saltaba para atacar, Buck podía saltar el doble de rápido.
Hvis en husky hoppet for å angripe, kunne Buck hoppe dobbelt så fort.
Reaccionó más rápido de lo que los demás pudieron verlo o escuchar.
Han reagerte raskere enn andre kunne se eller høre.
La percepción, la decisión y la acción se produjeron en un momento fluido.
Persepsjon, beslutning og handling kom alt i ett flytende øyeblikk.
En realidad, estos actos fueron separados, pero demasiado rápidos para notarlos.

I sannhet var disse handlingene separate, men for raske til å bli lagt merke til.
Los intervalos entre estos actos fueron tan breves que parecían uno solo.
Så korte var mellomrommene mellom disse handlingene at de virket som én.
Sus músculos y su ser eran como resortes fuertemente enrollados.
Musklene og vesenet hans var som tett opprullede fjærer.
Su cuerpo rebosaba de vida, salvaje y alegre en su poder.
Kroppen hans blusset av liv, vill og gledesfylt i sin kraft.
A veces sentía como si la fuerza fuera a estallar fuera de él por completo.
Til tider følte han at kraften skulle bryte ut av ham fullstendig.
"Nunca vi un perro así", dijo Thornton un día tranquilo.
«Det har aldri vært en slik hund», sa Thornton en stille dag.
Los socios observaron a Buck alejarse orgullosamente del campamento.
Partnerne så Buck komme stolt skrittende ut av leiren.
"Cuando lo crearon, cambió lo que un perro puede ser", dijo Pete.
«Da han ble skapt, forandret han hva en hund kan være», sa Pete.
—¡Por Dios! Yo también lo creo —respondió Hans rápidamente.
«Ved Jesus! Det tror jeg selv», sa Hans raskt enig.
Lo vieron marcharse, pero no el cambio que vino después.
De så ham marsjere av gårde, men ikke forandringen som kom etterpå.
Tan pronto como entró en el bosque, Buck se transformó por completo.
Så snart han kom inn i skogen, forvandlet Buck seg fullstendig.
Ya no marchaba, sino que se movía como un fantasma salvaje entre los árboles.
Han marsjerte ikke lenger, men beveget seg som et vilt spøkelse blant trærne.

Se quedó en silencio, con pasos de gato, un destello que pasaba entre las sombras.
Han ble stille, kattefot, et flimrende gled gjennom skyggene.
Utilizó la cubierta con habilidad, arrastrándose sobre su vientre como una serpiente.
Han dekket seg med dyktighet, og krøp på magen som en slange.
Y como una serpiente, podía saltar hacia adelante y atacar en silencio.
Og som en slange kunne han hoppe frem og slå til i stillhet.
Podría robar una perdiz nival directamente de su nido escondido.
Han kunne stjele en rype rett fra dens skjulte reir.
Mató conejos dormidos sin hacer un solo sonido.
Han drepte sovende kaniner uten en eneste lyd.
Podía atrapar ardillas en el aire cuando huían demasiado lentamente.
Han kunne fange jordegern midt i luften siden de flyktet for sakte.
Ni siquiera los peces en los estanques podían escapar de sus ataques repentinos.
Selv fisk i dammer kunne ikke unnslippe hans plutselige angrep.
Ni siquiera los castores más inteligentes que arreglaban presas estaban a salvo de él.
Ikke engang smarte bevere som reparerte demninger var trygge for ham.
Él mataba por comida, no por diversión, pero prefería matar a sus propias víctimas.
Han drepte for mat, ikke for moro skyld – men likte sine egne drap best.
Aun así, un humor astuto impregnaba algunas de sus cacerías silenciosas.
Likevel gikk en slu humor gjennom noen av hans stille jakter.
Se acercó sigilosamente a las ardillas, pero las dejó escapar.
Han krøp tett inntil ekorn, bare for å la dem unnslippe.

Iban a huir hacia los árboles, parloteando con terrible indignación.
De skulle flykte til trærne, mens de skravlet i fryktsom forargelse.
A medida que llegaba el otoño, los alces comenzaron a aparecer en mayor número.
Etter hvert som høsten kom, begynte elg å dukke opp i større antall.
Avanzaron lentamente hacia los valles bajos para encontrarse con el invierno.
De beveget seg sakte inn i de lave dalene for å møte vinteren.
Buck ya había derribado a un ternero joven y perdido.
Buck hadde allerede felt én ung, bortkommen kalv.
Pero anhelaba enfrentarse a presas más grandes y peligrosas.
Men han lengtet etter å møte større, farligere bytte.
Un día, en la divisoria, a la altura del nacimiento del arroyo, encontró su oportunidad.
En dag på skiljet, ved bekkens utspring, fant han sin sjanse.
Una manada de veinte alces había cruzado desde tierras boscosas.
En flokk på tjue elger hadde krysset over fra skogkledde områder.
Entre ellos había un poderoso toro; el líder del grupo.
Blant dem var en mektig okse; lederen av gruppen.
El toro medía más de seis pies de alto y parecía feroz y salvaje.
Oksen var over to meter høy og så voldsom og vill ut.
Lanzó sus anchas astas, con catorce puntas ramificándose hacia afuera.
Han kastet sine brede gevir, fjorten spisser forgrenet seg utover.
Las puntas de esas astas se extendían siete pies de ancho.
Tuppene på geviret strakte seg syv fot på bredden.
Sus pequeños ojos ardieron de rabia cuando vio a Buck cerca.
De små øynene hans brant av raseri da han fikk øye på Buck i nærheten.

Soltó un rugido furioso, temblando de furia y dolor.
Han slapp ut et rasende brøl, skalv av raseri og smerte.
Una punta de flecha sobresalía cerca de su flanco, emplumada y afilada.
En pilspiss stakk ut nær flanken hans, fjærkledd og skarp.
Esta herida ayudó a explicar su humor salvaje y amargado.
Dette såret bidro til å forklare hans ville, bitre humør.
Buck, guiado por su antiguo instinto de caza, hizo su movimiento.
Buck, styrt av eldgammelt jaktinstinkt, gjorde sitt trekk.
Su objetivo era separar al toro del resto de la manada.
Han hadde som mål å skille oksen fra resten av flokken.
No fue una tarea fácil: requirió velocidad y una astucia feroz.
Dette var ingen enkel oppgave – det krevde fart og voldsom list.
Ladró y bailó cerca del toro, fuera de su alcance.
Han bjeffet og danset nær oksen, like utenfor rekkevidde.
El alce atacó con enormes pezuñas y astas mortales.
Elgen forsvant med enorme hover og dødelige gevir.
Un golpe podría haber acabado con la vida de Buck en un instante.
Ett slag kunne ha avsluttet Bucks liv på et blunk.
Incapaz de dejar atrás la amenaza, el toro se volvió loco.
Oksen klarte ikke å legge trusselen bak seg og ble rasende.
Él cargó con furia, pero Buck siempre se le escapaba.
Han angrep i raseri, men Buck snek seg alltid unna.
Buck fingió debilidad, lo que lo alejó aún más de la manada.
Buck lot som om han var svak, og lokket ham lenger bort fra flokken.
Pero los toros jóvenes estaban a punto de atacar para proteger al líder.
Men unge okser skulle storme tilbake for å beskytte lederen.
Obligaron a Buck a retirarse y al toro a reincorporarse al grupo.
De tvang Buck til å trekke seg tilbake og oksen til å slutte seg til gruppen igjen.
Hay una paciencia en lo salvaje, profunda e imparable.

Det finnes en tålmodighet i villmarken, dyp og ustoppelig.
Una araña espera inmóvil en su red durante incontables horas.
En edderkopp venter ubevegelig i nettet sitt i utallige timer.
Una serpiente se enrosca sin moverse y espera hasta que llega el momento.
En slange kveiler seg uten å rykke, og venter til det er tid.
Una pantera acecha hasta que llega el momento.
En panter ligger i bakhold, helt til øyeblikket kommer.
Ésta es la paciencia de los depredadores que cazan para sobrevivir.
Dette er tålmodigheten til rovdyr som jakter for å overleve.
Esa misma paciencia ardía dentro de Buck mientras se quedaba cerca.
Den samme tålmodigheten brant i Buck mens han holdt seg nær.
Se quedó cerca de la manada, frenando su marcha y sembrando el miedo.
Han holdt seg i nærheten av flokken, bremset marsjen og skapte frykt.
Provocaba a los toros jóvenes y acosaba a las vacas madres.
Han ertet de unge oksene og trakasserte kyrne.
Empujó al toro herido hacia una rabia más profunda e impotente.
Han drev den sårede oksen inn i et dypere, hjelpeløst raseri.
Durante medio día, la lucha se prolongó sin descanso alguno.
I en halv dag trakk kampen ut uten noen hvile i det hele tatt.
Buck atacó desde todos los ángulos, rápido y feroz como el viento.
Buck angrep fra alle kanter, raskt og voldsomt som vinden.
Impidió que el toro descansara o se escondiera con su manada.
Han hindret oksen i å hvile eller gjemme seg sammen med flokken sin.
Buck desgastó la voluntad del alce más rápido que su cuerpo.

Bukken tæret ned elgens viljestyrke raskere enn kroppen dens.
El día transcurrió y el sol se hundió en el cielo del noroeste.
Dagen gikk, og solen sank lavt på nordvesthimmelen.
Los toros jóvenes regresaron más lentamente para ayudar a su líder.
De unge oksene kom saktere tilbake for å hjelpe lederen sin.
Las noches de otoño habían regresado y la oscuridad ahora duraba seis horas.
Høstnettene hadde kommet tilbake, og mørket varte nå i seks timer.
El invierno los estaba empujando cuesta abajo hacia valles más seguros y cálidos.
Vinteren presset dem nedoverbakke til tryggere, varmere daler.
Pero aún así no pudieron escapar del cazador que los retenía.
Men de klarte likevel ikke å unnslippe jegeren som holdt dem tilbake.
Sólo una vida estaba en juego: no la de la manada, sino la de su líder.
Bare ett liv sto på spill – ikke flokkens, bare lederens.
Eso hizo que la amenaza fuera distante y no su preocupación urgente.
Det gjorde trusselen fjern og ikke deres presserende bekymring.
Con el tiempo, aceptaron ese coste y dejaron que Buck se llevara al viejo toro.
Med tiden aksepterte de denne kostnaden og lot Buck ta den gamle oksen.
Al caer la tarde, el viejo toro permanecía con la cabeza gacha.
Da skumringen senket seg, sto den gamle oksen med hodet bøyd.
Observó cómo la manada que había guiado se desvanecía en la luz que se desvanecía.
Han så flokken han hadde ledet forsvinne i det svinnende lyset.
Había vacas que había conocido, terneros que una vez había engendrado.

Det var kyr han hadde kjent, kalver han en gang hadde blitt far til.
Había toros más jóvenes con los que había luchado y gobernado en temporadas pasadas.
Det var yngre okser han hadde kjempet mot og hersket mot i tidligere sesonger.
No pudo seguirlos, pues frente a él estaba agazapado nuevamente Buck.
Han kunne ikke følge etter dem – for foran ham satt Buck på huk igjen.
El terror despiadado con colmillos bloqueó cualquier camino que pudiera tomar.
Den nådeløse, hoggtennerfulle terroren blokkerte enhver vei han kunne ta.
El toro pesaba más de trescientos kilos de densa potencia.
Oksen veide mer enn tre hundre vekt av tett kraft.
Había vivido mucho tiempo y luchado con ahínco en un mundo de luchas.
Han hadde levd lenge og kjempet hardt i en verden preget av kamp.
Pero ahora, al final, la muerte vino de una bestia muy inferior a él.
Likevel, nå, til slutt, kom døden fra et udyr langt under ham.
La cabeza de Buck ni siquiera llegó a alcanzar las enormes rodillas del toro.
Bucks hode nådde ikke engang oksens enorme, knoklete knær.
A partir de ese momento, Buck permaneció con el toro noche y día.
Fra det øyeblikket av ble Buck hos oksen natt og dag.
Nunca le dio descanso, nunca le permitió pastar ni beber.
Han ga ham aldri hvile, lot ham aldri beite eller drikke.
El toro intentó comer brotes tiernos de abedul y hojas de sauce.
Oksen prøvde å spise unge bjørkeskudd og pileblader.
Pero Buck lo ahuyentó, siempre alerta y siempre atacando.
Men Buck jaget ham av gårde, alltid årvåken og alltid angripende.

Incluso ante arroyos que goteaban, Buck bloqueó cada intento de sed.
Selv ved sildrende bekker blokkerte Buck ethvert tørstende forsøk.

A veces, desesperado, el toro huía a toda velocidad.
Noen ganger, i desperasjon, flyktet oksen i full fart.

Buck lo dejó correr, trotando tranquilamente detrás, nunca muy lejos.
Buck lot ham løpe, rolig løpende like bak, aldri langt unna.

Cuando el alce se detuvo, Buck se acostó, pero se mantuvo listo.
Da elgen stoppet, la Buck seg ned, men holdt seg klar.

Si el toro intentaba comer o beber, Buck atacaba con toda furia.
Hvis oksen prøvde å spise eller drikke, slo Buck til med fullt raseri.

La gran cabeza del toro se hundió aún más bajo sus enormes astas.
Oksens store hode hang lavere under det enorme geviret.

Su paso se hizo más lento, el trote se hizo pesado, un paso tambaleante.
Tempoet hans sakket, travet ble tungt; en snublende skritt.

A menudo se quedaba quieto con las orejas caídas y la nariz pegada al suelo.
Han sto ofte stille med hengende ører og nesen mot bakken.

Durante esos momentos, Buck se tomó tiempo para beber y descansar.
I disse øyeblikkene tok Buck seg tid til å drikke og hvile.

Con la lengua afuera y los ojos fijos, Buck sintió que la tierra estaba cambiando.
Med tungen ute, øynene festet, følte Buck at landet forandret seg.

Sintió algo nuevo moviéndose a través del bosque y el cielo.
Han følte noe nytt bevege seg gjennom skogen og himmelen.

A medida que los alces regresaban, también lo hacían otras criaturas salvajes.

Etter hvert som elgen kom tilbake, gjorde andre ville skapninger det også.
La tierra se sentía viva, con presencia, invisible pero fuertemente conocida.
Landet føltes levende med tilstedeværelse, usett, men sterkt kjent.
No fue por el sonido, ni por la vista, ni por el olfato que Buck supo esto.
Det var ikke ved lyd, syn eller lukt at Buck visste dette.
Un sentimiento más profundo le decía que nuevas fuerzas estaban en movimiento.
En dypere sans fortalte ham at nye krefter var i bevegelse.
Una vida extraña se agitaba en los bosques y a lo largo de los arroyos.
Merkelig liv rørte seg i skogene og langs bekkene.
Decidió explorar este espíritu, después de que la caza se completara.
Han bestemte seg for å utforske denne ånden etter at jakten var fullført.
Al cuarto día, Buck finalmente logró derribar al alce.
På den fjerde dagen fikk Buck endelig ned elgen.
Se quedó junto a la presa durante un día y una noche enteros, alimentándose y descansando.
Han ble værende ved byten en hel dag og natt, spiste og hvilte.
Comió, luego durmió, luego volvió a comer, hasta que estuvo fuerte y lleno.
Han spiste, så sov han, så spiste han igjen, helt til han var sterk og mett.
Cuando estuvo listo, regresó hacia el campamento y Thornton.
Da han var klar, snudde han seg tilbake mot leiren og Thornton.
Con ritmo constante, inició el largo viaje de regreso a casa.
Med jevnt tempo startet han den lange hjemreisen.
Corría con su incansable galope, hora tras hora, sin desviarse jamás.

Han løp i sin utrettelige løp, time etter time, uten å avvike én eneste gang.

A través de tierras desconocidas, se movió recto como la aguja de una brújula.

Gjennom ukjente land beveget han seg rett som en kompassnål.

Su sentido de la orientación hacía que el hombre y el mapa parecieran débiles en comparación.

Hans retningssans fikk mennesket og kartet til å virke svake i sammenligning.

A medida que Buck corría, sentía con más fuerza la agitación en la tierra salvaje.

Etter hvert som Buck løp, følte han sterkere opprøret i det ville landskapet.

Era un nuevo tipo de vida, diferente a la de los tranquilos meses de verano.

Det var en ny type liv, ulikt det i de rolige sommermånedene.

Este sentimiento ya no llegaba como un mensaje sutil o distante.

Denne følelsen kom ikke lenger som en subtil eller fjern beskjed.

Ahora los pájaros hablaban de esta vida y las ardillas parloteaban sobre ella.

Nå snakket fuglene om dette livet, og ekornene pratet om det.

Incluso la brisa susurraba advertencias a través de los árboles silenciosos.

Selv brisen hvisket advarsler gjennom de stille trærne.

Varias veces se detuvo y olió el aire fresco de la mañana.

Flere ganger stoppet han og snuste inn den friske morgenluften.

Allí leyó un mensaje que le hizo avanzar más rápido.

Der leste han en beskjed som fikk ham til å hoppe raskere fremover.

Una fuerte sensación de peligro lo llenó, como si algo hubiera salido mal.

En dyp følelse av fare fylte ham, som om noe hadde gått galt.

Temía que se avecinara una calamidad, o que ya hubiera ocurrido.
Han fryktet at ulykken var på vei – eller allerede hadde kommet.
Cruzó la última cresta y entró en el valle de abajo.
Han krysset den siste ryggen og kom inn i dalen nedenfor.
Se movió más lentamente, alerta y cauteloso con cada paso.
Han beveget seg saktere, årvåken og forsiktig med hvert skritt.
A tres millas de distancia encontró un nuevo rastro que lo hizo ponerse rígido.
Tre mil unna fant han et nytt spor som fikk ham til å stivne.
El cabello de su cuello se onduló y se erizó en señal de alarma.
Håret langs halsen hans bølget og bustet av alarm.
El sendero conducía directamente al campamento donde Thornton esperaba.
Stien ledet rett mot leiren der Thornton ventet.
Buck se movió más rápido ahora, su paso era silencioso y rápido.
Buck beveget seg raskere nå, skrittene hans både stille og raske.
Sus nervios se tensaron al leer señales que otros no verían.
Nervene hans strammet seg da han leste tegn som andre kom til å overse.
Cada detalle del recorrido contaba una historia, excepto la pieza final.
Hver detalj i stien fortalte en historie – bortsett fra den siste biten.
Su nariz le contaba sobre la vida que había transcurrido por allí.
Nesen hans fortalte ham om livet som hadde passert på denne måten.
El olor le dio una imagen cambiante mientras lo seguía de cerca.
Lukten ga ham et skiftende bilde mens han fulgte tett etter.
Pero el bosque mismo había quedado en silencio; anormalmente quieto.

Men selve skogen hadde blitt stille; unaturlig stille.
Los pájaros habían desaparecido, las ardillas estaban escondidas, silenciosas y quietas.
Fugler var forsvunnet, ekorn var gjemt, stille og stille.
Sólo vio una ardilla gris, tumbada sobre un árbol muerto.
Han så bare ett grått ekorn, flatt på et dødt tre.
La ardilla se mimetizó, rígida e inmóvil como una parte del bosque.
Ekornet blandet seg inn, stivt og ubevegelig som en del av skogen.
Buck se movía como una sombra, silencioso y seguro entre los árboles.
Buck beveget seg som en skygge, stille og sikker gjennom trærne.
Su nariz se movió hacia un lado como si una mano invisible la tirara.
Nesen hans rykket til side som om den var dratt av en usynlig hånd.
Se giró y siguió el nuevo olor hasta lo profundo de un matorral.
Han snudde seg og fulgte den nye lukten dypt inn i et kratt.
Allí encontró a Nig, que yacía muerto, atravesado por una flecha.
Der fant han Nig, liggende død, gjennomboret av en pil.
La flecha atravesó su cuerpo y aún se le veían las plumas.
Skaftet gikk gjennom kroppen hans, fjærene var fortsatt synlige.
Nig se arrastró hasta allí, pero murió antes de llegar para recibir ayuda.
Nig hadde slept seg dit, men døde før han nådde frem til hjelp.
Cien metros más adelante, Buck encontró otro perro de trineo.
Hundre meter lenger fremme fant Buck en annen sledehund.
Era un perro que Thornton había comprado en Dawson City.
Det var en hund som Thornton hadde kjøpt tilbake i Dawson City.

El perro se encontraba en una lucha a muerte, agitándose con fuerza en el camino.
Hunden var i en dødskamp, og slet hardt på stien.
Buck pasó a su alrededor, sin detenerse, con los ojos fijos hacia adelante.
Buck gikk forbi ham uten å stoppe, med blikket rettet fremover.
Desde la dirección del campamento llegaba un canto distante y rítmico.
Fra leirens retning kom en fjern, rytmisk sang.
Las voces subían y bajaban en un tono extraño, inquietante y cantarín.
Stemmer hevet og falt i en merkelig, uhyggelig, syngende tone.
Buck se arrastró hacia el borde del claro en silencio.
Buck krøp frem til kanten av lysningen i stillhet.
Allí vio a Hans tendido boca abajo, atravesado por muchas flechas.
Der så han Hans ligge med ansiktet ned, gjennomboret av mange piler.
Su cuerpo parecía el de un puercoespín, erizado de plumas.
Kroppen hans så ut som et piggsvin, full av fjærkledde skafter.
En ese mismo momento, Buck miró hacia la cabaña en ruinas.
I samme øyeblikk så Buck mot den ødelagte hytta.
La visión hizo que se le erizara el pelo de la nuca y de los hombros.
Synet fikk håret til å reise seg stivt på nakken og skuldrene hans.
Una tormenta de furia salvaje recorrió todo el cuerpo de Buck.
En storm av vilt raseri feide gjennom hele Bucks kropp.
Gruñó en voz alta, aunque no sabía que lo había hecho.
Han knurret høyt, selv om han ikke visste at han hadde gjort det.
El sonido era crudo, lleno de furia aterradora y salvaje.
Lyden var rå, fylt av skremmende, vill raseri.

Por última vez en su vida, Buck perdió la razón ante la emoción.

For siste gang i livet mistet Buck fornuften til fordel for følelsene.

Fue el amor por John Thornton lo que rompió su cuidadoso control.

Det var kjærligheten til John Thornton som brøt hans nøye kontroll.

Los Yeehats estaban bailando alrededor de la cabaña de abetos en ruinas.

Yeehat-familien danset rundt den ødelagte granhytta.

Entonces se escuchó un rugido y una bestia desconocida cargó hacia ellos.

Så kom et brøl – og et ukjent beist stormet mot dem.

Era Buck; una furia en movimiento; una tormenta viviente de venganza.

Det var Buck; et raseri i bevegelse; en levende hevnstorm.

Se arrojó en medio de ellos, loco por la necesidad de matar.

Han kastet seg midt iblant dem, rasende av trang til å drepe.

Saltó hacia el primer hombre, el jefe Yeehat, y acertó.

Han hoppet mot den første mannen, Yeehat-høvdingen, og traff på sant.

Su garganta fue desgarrada y la sangre brotó a chorros.

Halsen hans var revet opp, og blod sprutet i en strøm.

Buck no se detuvo, sino que desgarró la garganta del siguiente hombre de un salto.

Buck stoppet ikke, men rev over halsen på nestemann med ett sprang.

Era imparable: desgarraba, cortaba y nunca se detenía a descansar.

Han var ustoppelig – rev i stykker, hogg, og tok aldri en pause for å hvile.

Se lanzó y saltó tan rápido que sus flechas no pudieron tocarlo.

Han pilte og sprang så fort at pilene deres ikke kunne nå ham.

Los Yeehats estaban atrapados en su propio pánico y confusión.

Yeehat-familien var fanget i sin egen panikk og forvirring.
Sus flechas no alcanzaron a Buck y se alcanzaron entre sí.
Pilene deres bommet på Buck og traff hverandre i stedet.
Un joven le lanzó una lanza a Buck y golpeó a otro hombre.
En ungdom kastet et spyd mot Buck og traff en annen mann.
La lanza le atravesó el pecho y la punta le atravesó la espalda.
Spydet gikk gjennom brystet hans, og spissen slo ut i ryggen hans.
El terror se apoderó de los Yeehats y se retiraron por completo.
Terror feide over Yeehat-ene, og de brøt inn i full retrett.
Gritaron al Espíritu Maligno y huyeron hacia las sombras del bosque.
De skrek etter den onde ånden og flyktet inn i skogens skygger.
En verdad, Buck era como un demonio mientras perseguía a los Yeehats.
Buck var virkelig som en demon da han jaget Yeehat-familien.
Él los persiguió a través del bosque, derribándolos como si fueran ciervos.
Han rev etter dem gjennom skogen og førte dem ned som hjorter.
Se convirtió en un día de destino y terror para los asustados Yeehats.
Det ble en skjebnens og terrorens dag for de skremte Yeehatene.
Se dispersaron por toda la tierra, huyendo lejos en todas direcciones.
De spredte seg over landet og flyktet langt i alle retninger.
Pasó una semana entera antes de que los últimos supervivientes se reunieran en un valle.
En hel uke gikk før de siste overlevende møttes i en dal.
Sólo entonces contaron sus pérdidas y hablaron de lo sucedido.
Først da telte de tapene sine og snakket om hva som hadde skjedd.

Buck, después de cansarse de la persecución, regresó al campamento en ruinas.
Etter å ha blitt lei av jakten, vendte Buck tilbake til den ødelagte leiren.
Encontró a Pete, todavía en sus mantas, muerto en el primer ataque.
Han fant Pete, fortsatt i teppene sine, drept i det første angrepet.
Las señales de la última lucha de Thornton estaban marcadas en la tierra cercana.
Spor etter Thorntons siste kamp var markert i jorden i nærheten.
Buck siguió cada rastro, olfateando cada marca hasta un punto final.
Buck fulgte hvert spor og snuste på hvert merke til et siste punkt.
En el borde de un estanque profundo, encontró al fiel Skeet, tumbado inmóvil.
Ved kanten av et dypt basseng fant han den trofaste Skeet, liggende stille.
La cabeza y las patas delanteras de Skeet estaban en el agua, inmóviles por la muerte.
Skeets hode og forlabber var i vannet, ubevegelige i døden.
La piscina estaba fangosa y contaminada por el agua que salía de las compuertas.
Bassenget var gjørmete og tilsølt med avrenning fra sluseboksene.
Su superficie nublada ocultaba lo que había debajo, pero Buck sabía la verdad.
Den skyfylte overflaten skjulte det som lå under, men Buck visste sannheten.
Siguió el rastro del olor de Thornton hasta la piscina, pero el olor no lo condujo a ningún otro lugar.
Han fulgte Thorntons lukt ned i bassenget – men lukten førte ingen andre steder.
No había ningún olor que indicara que salía, solo el silencio de las aguas profundas.

Det var ingen duft som ledet ut – bare stillheten på dypt vann.
Buck permaneció todo el día cerca de la piscina, paseando de un lado a otro del campamento con tristeza.
Hele dagen ble Buck værende ved dammen og gikk sorgfullt frem og tilbake i leiren.
Vagaba inquieto o permanecía sentado en silencio, perdido en pesados pensamientos.
Han vandret rastløst rundt eller satt stille, fortapt i tunge tanker.
Él conocía la muerte; el fin de la vida; la desaparición de todo movimiento.
Han kjente døden; livets slutt; forsvinnelsen av all bevegelse.
Comprendió que John Thornton se había ido y que nunca regresaría.
Han forsto at John Thornton var borte, og aldri for å komme tilbake.
La pérdida dejó en él un vacío que palpitaba como el hambre.
Tapet etterlot et tomrom i ham som dunket som sult.
Pero ésta era un hambre que la comida no podía calmar, por mucho que comiera.
Men dette var en sult maten ikke kunne stille, uansett hvor mye han spiste.
A veces, mientras miraba a los Yeehats muertos, el dolor se desvanecía.
Til tider, når han så på de døde Yeehatene, falmet smerten.
Y entonces un orgullo extraño surgió dentro de él, feroz y completo.
Og så steg en merkelig stolthet inni ham, voldsom og fullstendig.
Había matado al hombre, la presa más alta y peligrosa de todas.
Han hadde drept mennesket, det høyeste og farligste spillet av alle.
Había matado desafiando la antigua ley del garrote y el colmillo.

Han hadde drept i strid med den gamle loven om kølle og hoggtennen.
Buck olió sus cuerpos sin vida, curioso y pensativo.
Buck snuste på de livløse kroppene deres, nysgjerrig og tankefull.
Habían muerto con tanta facilidad, mucho más fácil que un husky en una pelea.
De hadde dødd så lett – mye lettere enn en husky i en kamp.
Sin sus armas, no tenían verdadera fuerza ni representaban una amenaza.
Uten våpnene sine hadde de ingen reell styrke eller trussel.
Buck nunca volvería a temerles, a menos que estuvieran armados.
Buck kom aldri til å frykte dem igjen, med mindre de var bevæpnet.
Sólo tenía cuidado cuando llevaban garrotes, lanzas o flechas.
Bare når de bar køller, spyd eller piler, ville han være forsiktig.

Cayó la noche y la luna llena se elevó por encima de las copas de los árboles.
Natten falt på, og en fullmåne steg høyt over trærnes topper.
La pálida luz de la luna bañaba la tierra con un resplandor suave y fantasmal, como el del día.
Månens bleke lys badet landet i et mykt, spøkelsesaktig skjær som dag.
A medida que la noche avanzaba, Buck seguía de luto junto al estanque silencioso.
Etter hvert som natten ble dypere, sørget Buck fortsatt ved den stille dammen.
Entonces se dio cuenta de que había un movimiento diferente en el bosque.
Så ble han oppmerksom på en annen bevegelse i skogen.
El movimiento no provenía de los Yeehats, sino de algo más antiguo y más profundo.
Opprøret kom ikke fra Yeehat-familien, men fra noe eldre og dypere.

Se puso de pie, con las orejas levantadas y la nariz palpando la brisa con cuidado.
Han reiste seg opp, med hevede ører, og undersøkte forsiktig brisen på nesen.
Desde lejos llegó un grito débil y agudo que rompió el silencio.
Langt bortefra kom et svakt, skarpt hyl som gjennomboret stillheten.
Luego, un coro de gritos similares siguió de cerca al primero.
Så fulgte et kor av lignende rop tett bak det første.
El sonido se acercaba cada vez más y se hacía más fuerte a cada momento que pasaba.
Lyden kom nærmere, og ble høyere for hvert øyeblikk som gikk.
Buck conocía ese grito: venía de ese otro mundo en su memoria.
Buck kjente dette ropet – det kom fra den andre verdenen i minnet hans.
Caminó hasta el centro del espacio abierto y escuchó atentamente.
Han gikk til midten av det åpne rommet og lyttet oppmerksomt.
El llamado resonó, múltiple y más poderoso que nunca.
Ropet runget ut, mange bemerket og kraftigere enn noensinne.
Y ahora, más que nunca, Buck estaba listo para responder a su llamado.
Og nå, mer enn noen gang før, var Buck klar til å svare på kallet hans.
John Thornton había muerto y ya no tenía ningún vínculo con el hombre.
John Thornton var død, og han hadde ikke noe bånd til mennesker igjen.
El hombre y todos sus derechos humanos habían desaparecido: él era libre por fin.
Mennesket og alle menneskelige krav var borte – han var endelig fri.

La manada de lobos estaba persiguiendo carne como lo hicieron alguna vez los Yeehats.
Ulveflokken jaget kjøtt slik Yeehatene en gang gjorde.
Habían seguido a los alces desde las tierras boscosas.
De hadde fulgt elger ned fra de skogkledde områdene.
Ahora, salvajes y hambrientos de presa, cruzaron hacia su valle.
Nå, ville og sultne på bytte, krysset de inn i dalen hans.
Llegaron al claro iluminado por la luna, fluyendo como agua plateada.
Inn i den månebelyste lysningen kom de, rennende som sølvfarget vann.
Buck permaneció quieto en el centro, inmóvil y esperándolos.
Buck sto stille i midten, ubevegelig og ventet på dem.
Su tranquila y gran presencia dejó a la manada en un breve silencio.
Hans rolige, store tilstedeværelse sjokkerte flokken til en kort stillhet.
Entonces el lobo más atrevido saltó hacia él sin dudarlo.
Så hoppet den dristigste ulven rett mot ham uten å nøle.
Buck atacó rápidamente y rompió el cuello del lobo de un solo golpe.
Buck slo til raskt og brakk ulvens nakke i et enkelt slag.
Se quedó inmóvil nuevamente mientras el lobo moribundo se retorcía detrás de él.
Han sto ubevegelig igjen mens den døende ulven vred seg bak ham.
Tres lobos más atacaron rápidamente, uno tras otro.
Tre ulver til angrep raskt, den ene etter den andre.
Todos retrocedieron sangrando, con la garganta o los hombros destrozados.
Hver av dem trakk seg tilbake blødende, med overskåret hals eller skuldre.
Eso fue suficiente para que toda la manada se lanzara a una carga salvaje.
Det var nok til å sette hele flokken i vill angrep.

Se precipitaron juntos, demasiado ansiosos y apiñados para golpear bien.
De stormet inn sammen, for ivrige og for tettpakket til å slå godt til.
La velocidad y habilidad de Buck le permitieron mantenerse por delante del ataque.
Bucks fart og ferdigheter tillot ham å holde seg i forkant av angrepet.
Giró sobre sus patas traseras, chasqueando y golpeando en todas direcciones.
Han snurret på bakbeina, glefset og slo i alle retninger.
Para los lobos, esto parecía como si su defensa nunca se abriera ni flaqueara.
For ulvene virket dette som om forsvaret hans aldri åpnet seg eller vaklet.
Se giró y atacó tan rápido que no pudieron alcanzarlo.
Han snudde seg og hugg så raskt at de ikke kunne komme bak ham.
Sin embargo, su número le obligó a ceder terreno y retroceder.
Likevel tvang antallet deres ham til å gi etter og trekke seg tilbake.
Pasó junto a la piscina y bajó al lecho rocoso del arroyo.
Han beveget seg forbi dammen og ned i det steinete bekkeleiet.
Allí se topó con un empinado banco de grava y tierra.
Der kom han borti en bratt skrent av grus og jord.
Se metió en un rincón cortado durante la antigua excavación de los mineros.
Han kom seg inn i et hjørne som ble kuttet under gruvearbeidernes gamle graving.
Ahora, protegido por tres lados, Buck se enfrentaba únicamente al lobo frontal.
Nå, beskyttet på tre sider, sto Buck bare overfor den fremste ulven.
Allí se mantuvo a raya, listo para la siguiente ola de asalto.
Der sto han i sjakk, klar for den neste angrepsbølgen.

Buck se mantuvo firme con tanta fiereza que los lobos retrocedieron.
Buck holdt stand så standhaftig at ulvene trakk seg tilbake.
Después de media hora, estaban agotados y visiblemente derrotados.
Etter en halvtime var de utslitte og synlig beseiret.
Sus lenguas colgaban y sus colmillos blancos brillaban a la luz de la luna.
Tungene deres hang ut, de hvite hoggtennene deres glitret i måneskinnet.
Algunos lobos se tumbaron, con la cabeza levantada y las orejas apuntando hacia Buck.
Noen ulver la seg ned med hevede hoder og spissede ører mot Buck.
Otros permanecieron inmóviles, alertas y observando cada uno de sus movimientos.
Andre sto stille, årvåkne og fulgte med på hver eneste bevegelse han gjorde.
Algunos se acercaron a la piscina y bebieron agua fría.
Noen få vandret bort til bassenget og drakk kaldt vann.
Entonces un lobo gris, largo y delgado, se acercó sigilosamente.
Så krøp en lang, mager grå ulv forsiktig frem.
Buck lo reconoció: era el hermano salvaje de antes.
Buck kjente ham igjen – det var den ville broren fra før.
El lobo gris gimió suavemente y Buck respondió con un gemido.
Den grå ulven klynket lavt, og Buck svarte med et klynk.
Se tocaron las narices, en silencio y sin amenaza ni miedo.
De berørte nesene, stille og uten trussel eller frykt.
Luego vino un lobo más viejo, demacrado y lleno de cicatrices por muchas batallas.
Deretter kom en eldre ulv, mager og arrmerket etter mange kamper.
Buck empezó a gruñir, pero se detuvo y olió la nariz del viejo lobo.

Buck begynte å knurre, men stoppet opp og snuste på den gamle ulvens nese.
El viejo se sentó, levantó la nariz y aulló a la luna.
Den gamle satte seg ned, løftet nesen og ulte mot månen.
El resto de la manada se sentó y se unió al largo aullido.
Resten av flokken satte seg ned og ble med på det lange ulet.
Y ahora el llamado llegó a Buck, inconfundible y fuerte.
Og nå kom kallet til Buck, umiskjennelig og sterkt.
Se sentó, levantó la cabeza y aulló con los demás.
Han satte seg ned, løftet hodet og hylte sammen med de andre.
Cuando terminaron los aullidos, Buck salió de su refugio rocoso.
Da ulingen tok slutt, steg Buck ut av det steinete lyet sitt.
La manada se cerró a su alrededor, olfateando con amabilidad y cautela.
Flokken lukket seg rundt ham og snufset både vennlig og forsiktig.
Entonces los líderes dieron un grito y salieron corriendo hacia el bosque.
Så hylte lederne og løp av gårde inn i skogen.
Los demás lobos los siguieron, aullando a coro, salvajes y rápidos en la noche.
De andre ulvene fulgte etter, hylende i kor, ville og raske i natten.
Buck corrió con ellos, al lado de su hermano salvaje, aullando mientras corría.
Buck løp med dem, ved siden av sin ville bror, og ulte mens han løp.

Aquí la historia de Buck llega bien a su fin.
Her gjør historien om Buck det godt i å ta slutt.
En los años siguientes, los Yeehat notaron lobos extraños.
I årene som fulgte la Yeehat-familien merke til merkelige ulver.
Algunos tenían la cabeza y el hocico de color marrón y el pecho de color blanco.

Noen hadde brunt på hodet og snuten, hvitt på brystet.
Pero aún más temían una figura fantasmal entre los lobos.
Men enda mer fryktet de en spøkelsesaktig skikkelse blant ulvene.
Hablaban en susurros del Perro Fantasma, líder de la manada.
De hvisket om Spøkelseshunden, lederen av flokken.
Este perro fantasma tenía más astucia que el cazador Yeehat más audaz.
Denne spøkelseshunden var mer listig enn den dristigste Yeehat-jegeren.
El perro fantasma robó de los campamentos en pleno invierno y destrozó sus trampas.
Spøkelseshunden stjal fra leirer i dyp vinter og rev fellene deres i stykker.
El perro fantasma mató a sus perros y escapó de sus flechas sin dejar rastro.
Spøkelseshunden drepte hundene deres og unnslapp pilene deres sporløst.
Incluso sus guerreros más valientes temían enfrentarse a este espíritu salvaje.
Selv deres modigste krigere fryktet å møte denne ville ånden.
No, la historia se vuelve aún más oscura a medida que pasan los años en la naturaleza.
Nei, historien blir enda mørkere etter hvert som årene går i naturen.
Algunos cazadores desaparecen y nunca regresan a sus campamentos distantes.
Noen jegere forsvinner og vender aldri tilbake til sine fjerne leirer.
Otros aparecen con la garganta abierta, muertos en la nieve.
Andre blir funnet med revet opp strupene, drept i snøen.
Alrededor de sus cuerpos hay huellas más grandes que las que cualquier lobo podría dejar.
Rundt kroppene deres er det spor – større enn noen ulv kunne lage.
Cada otoño, los Yeehats siguen el rastro del alce.

Hver høst følger Yeehats elgens spor.
Pero evitan un valle con el miedo grabado en lo profundo de sus corazones.
Men de unngår én dal med frykt hugget dypt inn i hjertene sine.
Dicen que el valle fue elegido por el Espíritu Maligno para vivir.
De sier at dalen er valgt av den onde ånden som hjem.
Y cuando se cuenta la historia, algunas mujeres lloran junto al fuego.
Og når historien blir fortalt, gråter noen kvinner ved bålet.
Pero en verano, un visitante llega a ese tranquilo valle sagrado.
Men om sommeren kommer én besøkende til den stille, hellige dalen.
Los Yeehats no saben de él, ni tampoco pueden entenderlo.
Yeehatene vet ikke om ham, og de kunne heller ikke forstå.
El lobo es grande, revestido de gloria, como ningún otro de su especie.
Ulven er en stor en, dekket av prakt, ulik ingen annen av sitt slag.
Él solo cruza el bosque verde y entra en el claro.
Han alene krysser fra grønt tømmer og går inn i skoglysningen.
Allí, el polvo dorado de los sacos de piel de alce se filtra en el suelo.
Der siver gyllent støv fra elgskinnsekker ned i jorden.
La hierba y las hojas viejas han ocultado el amarillo al sol.
Gress og gamle blader har skjult det gule for solen.
Aquí, el lobo permanece en silencio, pensando y recordando.
Her står ulven i stillhet, tenker og husker.
Aúlla una vez, largo y triste, antes de darse la vuelta para irse.
Han uler én gang – langt og sørgmodig – før han snur seg for å gå.
Pero no siempre está solo en la tierra del frío y la nieve.
Likevel er han ikke alltid alene i kuldens og snøens land.

Cuando las largas noches de invierno descienden sobre los valles inferiores.
Når lange vinternetter senker seg over de lavere dalene.
Cuando los lobos persiguen a la presa a través de la luz de la luna y las heladas.
Når ulvene følger vilt gjennom måneskinn og frost.
Luego corre a la cabeza del grupo, saltando alto y salvajemente.
Så løper han i spissen for flokken, hoppende høyt og vilt.
Su figura se eleva sobre las demás y su garganta está llena de canciones.
Skikkelsen hans ruver over de andre, halsen hans levende av sang.
Es la canción del mundo más joven, la voz de la manada.
Det er den yngre verdens sang, flokkens stemme.
Canta mientras corre: fuerte, libre y eternamente salvaje.
Han synger mens han løper – sterk, fri og evig vill.

www.ingramcontent.com/pod-product-compliance
Lightning Source LLC
Chambersburg PA
CBHW010031040426
42333CB00048B/2837